HANS-JOACHIM LÖWER

HEILIGE ERDE UNHEILIGES LAND

EINE GRENZWANDERUNG
DURCH ISRAEL UND PALÄSTINA

NATIONAL
GEOGRAPHIC
FREDERKING & THALER

Inhalt

Vorwort 9

Kapitel 1 **Stürme des Lebens** 15
Der Berg der Seligpreisungen

Kapitel 2 **Stadt der Märtyrer** 21
Dschenin, Hochburg des Widerstands

Kapitel 3 **Gitter gegen Attentäter** 29
Der Sperrzaun

Kapitel 4 **Schatten der Mauer** 35
Die eingeschlossene Stadt Kalkilia

Kapitel 5 **Bomben statt Blumen** 41
Die Arabisch-Amerikanische
Universität Zababdeh

Kapitel 6 **Blut auf dem Pflaster** 47
Die Palästinenserstadt Nablus

Kapitel 7 **Überleben auf dem Berg** 51
Die Minderheit der Samaritaner

Kapitel 8	**Feiern und feuern** Das umkämpfte Josefsgrab	57
Kapitel 9	**Herren der Hügel** Die jüdische Siedlung Jitzhar	63
Kapitel 10	**Träume in Trümmern** Arafats Amtssitz in Ramallah	69
Kapitel 11	**Der unsichtbare Feind** Eine israelische Militärpatrouille	75
Kapitel 12	**Wächter im Laub** Das Wadi Kelt	81
Kapitel 13	**Das Grab in der Wüste** Die verödete Pilgerstätte Nebi Musa	89
Kapitel 14	**Warten auf den Messias** Die Höhlen von Qumran	95
Kapitel 15	**Der Fluch der Geschichte** Die jüdische Festung Massada	101
Kapitel 16	**»Nicht tot …, nicht tot …«** Die Judäische Wüste	109

Kapitel 17	**Ein Hagel von Hass** Die geteilte Stadt Hebron	117
Kapitel 18	**Zahlen mit Blut** Die Juden in Hebron	125
Kapitel 19	**Karate statt Kalaschnikow** Eine Hoffnung in Bethlehem	131
Kapitel 20	**Lauern an den Mauern** Im Tunnel unter Jerusalem	139
Kapitel 21	**Mufti gegen Rabbi** Die Macht der Schriftgelehrten	149
Kapitel 22	**Leiden und lieben** Streifzug durch die Altstadt	155
Kapitel 23	**Frieden im Herzen** Besuch bei einem Sufi	161
	Chronik: Von Abraham bis Arafat – Das 4000-jährige Ringen um das Heilige Land	167

Für Lulú und Linda, die wochenlang gebangt haben

Vorwort

Wie kommt jemand auf die Idee, mit dem Rucksack mitten durch das Krisengebiet Nahost zu laufen? Bodenloser Leichtsinn, Selbstmordkandidatur, da sucht wohl einer den besonderen Kick – so oder ähnlich lauteten die meisten Kommentare, die ich bei meiner Vorbereitung zu hören bekam. Nur sehr wenige ermunterten mich.

Dem Chor derer, die mich warnten, hätte ich ein paar simple Antworten entgegenhalten können. Dass ein Leben ohne Risiko langweilig ist. Dass der Reiz des Reisens dort beginnt, wo man sich nicht mehr auf vertrautem Gelände bewegt. Dass ich zwei große Leidenschaften habe, das Laufen und das Schreiben. Und dass die Erfahrungen, die mich als Journalist am tiefsten prägen, immer damit zu tun hatten, dass Laufen und Schreiben zusammenkamen. Doch dies ist nur die eine Hälfte der Wahrheit – diejenige, die sich im Smalltalk mit ein paar flotten Sprüchen abhandeln lässt.

Die andere Hälfte ist komplizierter. Sie hängt damit zusammen, wie man sich fremden Ländern, Menschen und Denkweisen nähert. Wer nur begrenzte Zeit dafür hat, der hat auch nur begrenzte Möglichkeiten, in eine Kultur einzudringen – erst recht in einer Region, wo gegensätzliches Denken auf so brutale Weise aufeinander prallt.

Am einfachsten ließe sich das Dilemma lösen, indem man Termine mit Menschen vereinbart, von denen zu erwarten ist, dass sie das Bild bestätigen, das sich durch Fernsehszenen und Zeitungslektüre geformt hat. Nichts ist leichter niederzuschreiben als ein bestätigtes Vorurteil. Doch welchen Sinn hätte eine Reise, die nur bekräftigen soll, was man immer schon wusste?

Andererseits wäre es verwegen, in wenigen Wochen ein Drama verstehen zu wollen, das bereits mehr als ein halbes Jahrhundert dauert. Es wäre geradezu hochmütig gewesen, mit einem solchen Anspruch aufzubrechen. Bei einer normalen journalistischen Recherche, im verzweifelten Bemühen, immer tiefer zu schürfen, hätte ich mit allen Konfliktparteien Dutzende von Interviews geführt – und wäre am Ende verwirrter als je zuvor nach Hause gekommen.

Welcher Weg, fragte ich mich, führt da durch? Mir wurde klar: nur der zu Fuß. Nur er führt vorbei an Partei- und Regierungssprechern, all den Public-Relations-Beauftragten, deren einzige Aufgabe es ist, vorgefertigte Nachrichten zu lancieren. Nur er führt vorbei an Pressekonferenzen, Infomappen und all den mediengerecht arrangierten Terminen, die für nichts anderes als die Mikrofone und Kameras gemacht sind. Nur der Weg zu Fuß versprach eine Chance, ein kleines Stück Wirklichkeit zu erleben statt künstlicher, arrangierter, inszenierter Ausschnitte davon.

Ein Berichterstatter, der zu Fuß geht, verringert die Distanz, auf der er üblicherweise gehalten wird. Wer wandert, braucht keine professionellen Interpretatoren mehr. Er lässt alles direkt wirken. Er spürt den Alltag am eigenen Leib.

Ich wollte spüren, wie es sich lebt an und zwischen den Fronten. Wie Menschen denken, die diesen ältesten Konflikt der Welt austragen und aushalten. Daher musste ich mich, so weit es ging, den gleichen Situationen aussetzen wie sie. Ich musste, zumindest für kurze Zeit, deren Erschwernisse erleben. Ich musste, zumindest für kurze Zeit, deren Ängste teilen. Nur so konnte ich hoffen, die Menschen wenigstens ansatzweise zu verstehen.

Im Auto rauscht man an vielen Dingen schnell vorbei – das Auge hat nicht die Ruhe, die Details zu erblicken und Stimmungen zu erfassen. Wenn man zu Fuß geht, dringt alles, was man hört und sieht, tiefer ein: Blicke, Gesten und Worte. Ich hatte nie die Illusion, mir die ganze Wahrheit zu erlaufen – dafür hätte ich Jahre gebraucht. Aber ich spürte, dass ich ihr wenigstens ein paar wesentliche Schritte näher kam.

Ende Oktober bis Anfang Dezember 2003 lief ich vom See Genezareth im Norden Israels über die palästinensischen Städte Dschenin, Nablus und Ramallah bis zum Toten Meer weiter im Süden Israels, dann auf palästinensischem Gebiet über Hebron und Bethlehem nach Jerusalem, wo die Fronten des Nahostkonflikts zusammenlaufen. Ich durchquerte während dieser 250 Kilometer große Teile des Westjordanlandes, das seit dem Sechstagekrieg von 1967 durch Israel besetzt ist. Ich versuchte, wenn irgend möglich, nicht in Hotels, sondern in Privathäusern zu übernachten. Ein paar Mal schlief ich auch unter freiem Himmel. Ich war schutzlos, also in Gefahr. Aber ich hatte nichts zu verbergen – das war die Chance.

Ich war ein Grenzgänger zwischen zwei verfeindeten Welten. Redete mit allen Seiten. Mit radikalen jüdischen Siedlern und radikalen palästinensischen Widerstandskämpfern. Mit Soldaten und Zivilisten, gebildeten und ungebildeten, religiösen und nichtreligiösen Menschen. Mit Tätern und Opfern. Ich versuchte, mich so weit wie möglich zu nähern und gleichzeitig so weit wie möglich auf Distanz zu bleiben. Wie ein Pendel schwang ich zwischen den Fronten, das waren der Reiz und das Risiko dieser Unternehmung. Je länger ich wanderte, umso mehr spürte ich, dass ich auch in die Geschichte reiste. Denn der Kampf um das Heilige Land ist nicht erst seit 1948, dem Jahr der Gründung des Staates Israel, im Gang, sondern seit 4000 Jahren. Von Abraham bis Arafat – der Nahostkonflikt ist nicht zu verstehen ohne seine wahrhaft biblische Dimension.

Hans-Joachim Löwer, August 2004

Der Autor durchwanderte im Westjordanland drei Zonen, die nach den Abkommen von Oslo (1995) und Wye (1998) eingerichtet wurden. Die Verhandlungen über die Bildung eines Palästinenserstaates gerieten allerdings nach dieser Aufteilung ins Stocken. Auf der Suche nach Attentätern dringen israelische Truppen auch in die unter palästinensischer Verwaltung stehenden Gebiete ein.

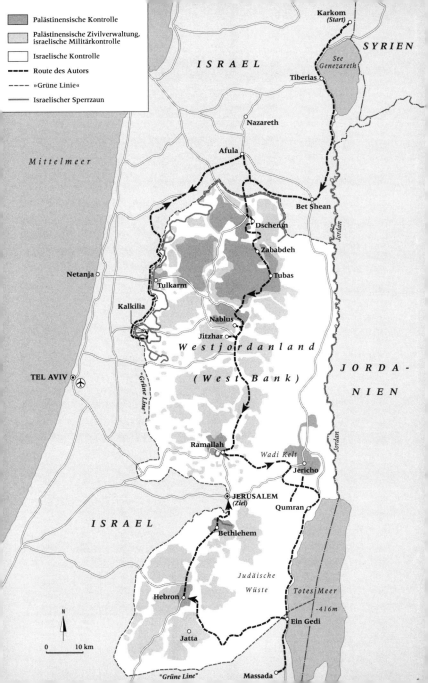

Freitag, 24. Oktober

*Der Sommer ist zäh dieses Jahr. Es sind noch immer
36 Grad. Seit sechs Monaten kein Tropfen Regen.
Kein Schatten, alles verdorrt. Harter, heißer Asphalt.
Fast 25 Kilo auf dem Rücken. Die Straße von Karkom
führt auf die Höhe über dem See Genezareth. Ein Aufstieg
wie ein Kreuzweg. Rasten, Trinken, Weiterkeuchen.
Drei Stunden für lächerliche sechs Kilometer.
Der Körper glüht.*

Kapitel 1
Stürme des Lebens
Der Berg der Seligpreisungen

»Selig sind die, die nur noch von Gott etwas erwarten«
MATTHÄUS 5, 3

Der Pilgerpalast wirkt, als hätte Gott selber ihn erbaut. Erhabene Gewölbe, blinkendes Glas. Arkaden, die den Atem stocken lassen. Die Schritte hallen wie in einem Dom. Sanft plätschert Wasser über zwei Steintafeln mit hebräischen Inschriften – es sind die Zehn Gebote.

Der Blick fällt hinunter zum blauen Auge von Galiläa. Glatt und reglos ruht der See Genezareth, 209 Meter unter dem Meeresspiegel, 20 Kilometer lang und bis zu zwölf Kilometer breit, in Nord-Süd-Richtung vom Jordan durchflossen, auf drei Seiten von Hügeln gerahmt. Links die Golanhöhen, einst syrisches Gebiet, 1967 von Israel erobert. Rechts Tiberias, eine Touristenstadt in Terrassenreihen. Und hier oben dieses mystische Monument. »Domus Galilaeae« ist sein lateinischer Name, »das Haus Galiläas«. Eine Herberge, in der man erstarrt. Die Treppe hangabwärts zu den Zimmern versinkt zwischen Mauerfronten. Sie symbolisiert den biblischen Mythos, wonach Gott das Rote Meer teilte, um Moses und das Volk der Israeliten ins Land der Verheißung zu führen.

Eine neue Gruppe von Wallfahrern trifft ein. Zwei Busse mit 95 Katholiken aus Costa Rica. Drei Tage Rom, neun Tage Heiliges Land, so lautet das Programm. Ein paar junge Männer, teils in Jeans, teils in Kutten, greifen zu Gitarren. Ein rauschender Empfang, organisiert mit perfekter Routine, die Ankömmlinge singen und klatschen mit. 15, 20, 25 Jahre haben sie auf diese zwölf Tage hin gelebt.

Der »Neokatechumenische Weg« ist eine radikale Strömung in der Katholischen Kirche. Er ist »gelebter Katechismus«, eine »Synthese von Wort, Messfeier und Moral«, sagt sein geistiger Vater, der spanische Maler Kiko Argüello. Er soll »lebende Zellen in der Kirche bilden und die Vitalität der Pfarreien erneuern«, sagt Papst Johannes Paul II., der 1990 formell seinen Segen gab. »Wir wollen die Wurzeln unseres Glaubens erkennen«, sagt Don Rino Rossi, der Leiter des »Domus Galilaeae«, ein italienischer Priester aus der Diözese Rom. In dieser Umgebung wirken die Worte wie Donnerhall.

Hier oder in der Nähe von hier hielt Jesus seine berühmteste Predigt. Er pries »alle, die unter der Not der Welt leiden; denn Gott wird ihnen ihre Last abnehmen«. Er pries »alle, die barmherzig sind, denn Gott wird auch mit ihnen barmherzig sein«. Er pries »alle, die keine Gewalt anwenden; denn Gott wird ihnen die Erde zum Besitz geben«. Die Bergpredigt gipfelte in dem Appell, nicht nur den Nächsten, sondern sogar den Feind zu lieben. Als der Papst im Jahr 2000 hierher kam, scharten sich um ihn 100 000 junge Leute. Er segnete das »Haus Galiläas« und rief ihnen zu: »Der Herr hat euch auf diesem Berg erwartet.« Der »Berg der Seligpreisungen« ist eine Botschaft und die Kanzel dazu.

Gehüllt in weiße Tuniken, die Hände vor der Brust gefaltet, ziehen die Pilger aus Costa Rica ins »Heiligtum des Wortes«, einen Saal aus Teak und Mahagoni. Die Sitzplätze sind wahre Throne, denn dies ist der krönende Abschluss eines Königsweges. Der Gottesdienst dauert zweieinhalb Stunden. Die Lieder wehen als Hymnen durch den Raum, Weihrauchschwaden ziehen über die Köpfe, mit tränenerstickter Stimme sprechen Menschen darüber, wie sich ihr Leben verändert hat. Sie waren meist Schläger und Ehebrecher, Diebe und Betrüger, Alkohol- und Drogensüchtige, dann aber haben sie sich, ihre Seelen durch die Bibel gerettet. Was sie in die Runde sagen, immer wieder, ist Teil des Rituals: »Ich spüre, dass Christus mich liebt.«

Das Abendessen servieren junge Männer in weißem Hemd und schwarzem Frack. Kandidaten für das Priesteramt sind hier Köche und Kellner. Sie arbeiten unentgeltlich wie auch die übrigen Angestellten. Das »Domus Galilaeae« ist ein Luxushotel zum Nulltarif für das Personal und die Pilger. Die vollklimatisierten Zimmer, alle mit Kühlschrank und Fernsehgerät, kosten nichts, das Essen ebenso wenig, sogar Telefonate ins Ausland sind gratis. Wer den »Neokatechumenischen Weg« beschreitet, gibt zehn Prozent seiner Einkünfte an die Kirche, so kommen die nötigen Gelder zusammen. Weltweit haben mehr als eine Million Menschen den »Weg« beschritten.

Am nächsten Tag fahre ich mit den Pilgern aus Costa Rica hinunter zum Ufer. Der See Genezareth hat die Form einer Harfe. Hier, so die Bibel, vermehrte Jesus fünf Laib Brot und zwei Fische – 5000 Männer, Frauen und Kinder wurden davon satt. An einem idyllischen Strand bei Tabgha steht eine Statue: Jesus hält seine Rechte über den knienden Petrus, der einen Stab trägt. »Weide meine Schafe«, lautet die Inschrift. Mit diesem Auftrag begann, wie der Evangelist Johannes berichtet, der Primat des Petrus, das Papsttum der Kirche. Flankiert von Palmen liegt ein Messfeierplatz in einem Halbrund aus Terrassen.

Der Eingang zur Hölle ist weniger als eine Autostunde entfernt: die Grenze, hinter der das Böse lauert. Die Pilger sprechen darüber kein Wort. Sie haben den Blick nur nach oben und nach innen gerichtet. Galiläa ist heiliges Land, den menschlichen Abgründen entzogen, ein Ort der Inbrunst und Entrückung. Sie packen eine Gitarre, ein Charango und eine Blockflöte aus, legen wieder die weißen Tuniken an, und ihr Gesang schallt weit über das Wasser.

»Das Wort Gottes lebt, es ist wahr«, ruft Gloria Obando, 47, in die Wipfel der Bäume. »Ich habe den Herrn durch meine eigene Geschichte erkannt, durch all meine Leiden, durch all meine Ängste.«

»Ich verdiene es nicht«, stammelt Iraly Mora, 74. »Aber es kommt mir vor, als säße der Herr direkt neben mir.«

»Auch ich verdiene es nicht«, sagt Elsi Ramírez, 63. »Es ist wie eine Auferstehung in meinem Leben.«

Ein Fischerboot mit Außenbordmotor rauscht vorbei, das Knattern eines Hubschraubers mischt sich in das Singen und Klatschen. Bei der Kommunion aber, als die Gläubigen den Leib des Herrn in sich aufnehmen und sein Blut trinken, ist nur Vogelzwitschern zu hören, und die Wellen plätschern ans Ufer. Dies ist heiliges Land, das Ende aller Zweifel. Wallfahrer haben ihre Gewissheiten schon vorher, und an denen halten sie sich fest.

Wir fahren mit der »Noah« hinaus, einem Nachbau der Schiffe, wie die Fischer vom See Genezareth sie vor 2000 Jahren benutzten. Die Golanhöhen rücken näher, dann die jordanische Grenze. Niemand interessiert sich dafür. Pater Felix Villegas erzählt die Geschichte, wie Jesus auf diesem See dem Sturm Einhalt gebot, und wie er zum Erstaunen seiner Jünger über das Wasser lief. Die Pilger singen »Groß ist der Ruhm des Herrn« und »Wer kann sich dir und der Macht deines Zornes widersetzen?«.

Plötzlich kommt eine Brise auf. Wellen packen die »Noah«, das Boot gerät für ein paar Momente ins Schlingern, eine alte Frau schlittert schreiend von ihrer Bank zu Boden. »Das Wasser war das Symbol der Angst«, predigt der Pilgerführer. »Ohne den See Genezareth hätten die Jünger nie an den Herrn geglaubt. So sind Stürme und eine raue See wichtig in unserem Leben. Wir können uns nicht retten im Namen der Wissenschaft, der Politik, der Kultur, der Wirtschaft, ja nicht mal im Namen der Familie – nur im Namen des Herrn.« »Amen!«, rufen die Menschen aus Costa Rica. Eine israelische Militärmaschine röhrt über dem einsamen Boot.

Montag, 27. Oktober
Morgens um halb sechs wird es hell. Die beste Zeit, um der Hitze zu entkommen. Ich steige auf vom Kibbuz Beit Alpha. Am Südrand der Gilboa-Berge verläuft die Grüne Linie, die Grenze des Westjordanlandes vor seiner Besetzung durch Israel. Auf dem Kamm steht ein Aussichtsturm. Besteigen verboten, beschlagnahmt durch das Militär. Ich höre krächzenden Funkverkehr. Mit Ferngläsern blicken die Wächter ins Land. Ich sehe einen Drahtzaun, davor eine Straße für Patrouillen, frisch in die Landschaft gezogen. Sieht aus wie damals die »Staatsgrenze der DDR«. Ein Jeep mit Soldaten stoppt.
»Wohin wollen Sie denn?«, fragen sie.
»Hinüber nach Dschenin«, sage ich.
»Sind Sie verrückt? Die schießen auf jeden, egal, wer er ist, egal, woher er kommt!«
»Ich habe Freunde dort.«
»Freunde?« Irritierte, dann finstere Blicke. »Palästinenser?«

Kapitel 2
Stadt der Märtyrer
Dschenin, Hochburg des Widerstands

*»Sie sollen merken, dass ihr hart sein könnt.
Und wisst, dass Allah mit den Frommen ist.«*
KORAN 9, 12

Das Land, in das ich hineinwandern will, ist zu dieser Zeit für 6,6 Millionen Menschen tabu. Den Bürgern Israels ist, mit wenigen Ausnahmen, der Zutritt verboten. Bis 1967 gehörte das Gebiet zu Jordanien, seither ist es von israelischen Truppen besetzt. Westbank ist sein englischer, Westjordanland sein deutscher Name, die Israelis sprechen schlicht von den *territories*. Die Palästinenser, die dort leben, haben zwar eine Flagge, aber keinen Staat.

Das Land, aus dem ich loswandern will, ist für zwei Millionen Menschen tabu. Den Bewohnern des Westjordanlandes ist, mit wenigen Ausnahmen, seit mehr als drei Jahren der Zutritt nach Israel verboten. Die zweite Intifada, die 2000 losbrach, hat das Leben an dieser Grenze abgewürgt.

Der Checkpoint Dschalama ist einer von etwa 400 Kontrollposten. Die Straße dorthin war früher eine Hauptschlagader der Region. Tausende Palästinenser fuhren nach Israel zur Arbeit, Tausende Israelis kauften in der palästinensischen

Stadt Dschenin billig ein. Jetzt herrschen hier Öde und Stille. Mächtige Felsbrocken blockieren die Fahrbahn. Betonbarrieren trennen Autos und Fußgänger. Versteckt hinter Tarnnetzen starren Soldaten von einem Ausguck mit Ferngläsern auf jeden, der sich nähert. Ich blicke in ein Panzerrohr, lerne das Procedere: Schlange stehen mit den Papieren in der Hand. Möglichst keine Bewegung. Warten an der Linie, bis der Soldat winkt. Und hoffen, dass er einen guten Tag hat.

»Was tragen Sie im Rucksack?«

»Wäsche, Wasser, Karten, Proviant – was man als Wanderer so braucht. Glauben Sie mir das?«

Nervöses Flackern in den Augen. Das Gewehr ist schussbereit. »Sie haben kein Auto. Wo laufen Sie denn hin?«

»Quer durch die *territories*. Bis zum Toten Meer.«

»Sie wissen genau, was Sie da tun?«

»Genau noch nicht. Aber ich werde es erfahren.«

Er will sich an die Stirn tippen, aber da zeige ich meinen Journalistenausweis, ausgestellt von der israelischen Regierung.

Eine Stunde später stehe ich mit Hassan Ahmed an einem Fenster seines Hauses. Er wohnt am Stadtrand von Dschenin, wir blicken auf Felder und Schafe und ein paar Beduinenzelte. Und plötzlich spielt sich vor meinen Augen ein bizarres Katzund-Maus-Spiel ab. Ein orangefarbenes Taxi jagt einen Feldweg entlang, verfolgt von einem israelischen Schützenpanzer. Zwei Staubwolken wirbeln durch die Luft, der Abstand zwischen ihnen wird größer. Schließlich gibt der schwerfällige

Panzer auf und dreht um. Ich erkenne im Umkreis noch vier, fünf, sechs andere Taxen. Sie haben die Soldaten gesehen und machen sich erst einmal davon. Ein paar Minuten später aber sind sie wieder da, kriechen und holpern durch das Gelände, suchen einen neuen Weg durch die Äcker.

»Jeden Tag haben wir dieses Theater«, sagt Ahmed. »Alle Asphaltstraßen sind von den Israelis gesperrt. Wie sollen die Leute in ihre Dörfer kommen? Sie suchen sich Schleichwege über die Felder. Aber eigentlich ist auch das verboten. Manchmal sperren sie die Taxifahrer ein, manchmal brummen sie ih-

Kemal Abu Motas an seinem Nüssestand mit einem Bild seines 15-jährigen Sohns, der bei einer Schießerei tödlich getroffen wurde

nen Geldstrafen auf, manchmal lassen sie sie gewähren. Nie weiß man, wie dieses Spiel ausgeht.« Für Militärs ist Willkür die Taktik, so unberechenbar wie möglich zu bleiben.

Wir schlendern durch die abgeriegelte Stadt. »Früher stauten sich die Autos in den Straßen«, sagt Ahmed. »Sehen Sie, was davon übrig ist.« Zerschossene Fensterscheiben, durchsiebte Ladentüren, Sandsäcke hinter Schaufensterauslagen. Spuren der israelischen Offensive im Frühjahr 2002. In den Gewürzladen von Mahmud Saleh Hilnaou schlug eine Rakete ein, zerstörte mit einem Schlag ein 55 Jahre altes Familienunternehmen. Den 15-jährigen Sohn von Kemal Abu Motas traf eine Kugel, als er in Vertretung des kranken Vaters Nüsse am Straßenstand verkaufte; seither hängt sein Foto unter dem Sonnenschirm. In jedem Laden, den wir betreten, hören wir Horrorgeschichten.

Dschenin ist eine Hochburg des palästinensischen Widerstands. Die Hälfte aller Selbstmordattentäter kommt von hier. Das Flüchtlingslager, kurz »Camp« genannt, ist eine Brutstätte des Terrors. Die Hauswände sind tapeziert mit Pamphleten der Gewalt: Kampf und Blut und Rache und Sieg, eine Orgie archaischen Denkens, Fäuste und Slogans, Gewehre und Koransprüche, Gesichter von »Märtyrern«, die angeblich im Paradies landen, weil sie sich und viele Juden umgebracht haben. Die Menschen gehen achtlos an diesen Heldenmauern entlang. Keine Arbeit in Israel, keine Geschäfte hier, ihr Kampf ums Überleben sieht anders aus. Aber es regt sich auch niemand über den Mörderkult auf. So ist er Teil der Stadt, Teil des Alltags geworden.

Ich sitze im Haus von Binan Dschamal Abu Hija. Sie ist 18, studiert Jura, will Rechtsanwältin werden. Ihr Bruder Abud Salam sitzt seit April 2002 im Gefängnis, ihr Vater Dschamal seit August 2002, ihre Mutter Asma seit Februar 2003. Alle werden beschuldigt, Hamas-Aktivisten zu sein. Das Mädchen trägt ein schwarzes Gewand und ein weißes Kopftuch, es lächelt still und redet sanft, doch der Inhalt der Sätze ist von biblischer Härte.

»Ihre Familie hat schon viel gelitten«, sage ich. »Ist es nicht genug?«

»Wir werden nie aufgeben. Wir wollen Freiheit.«

»Kann es je ein friedliches Zusammenleben mit Israelis geben?«

»Unmöglich. Die Juden haben unser Land gestohlen. Sie müssen es wieder verlassen. Es gehört ihnen nicht.«

»Kennen Sie eigentlich Juden?«

»Wir kennen sie nur als Soldaten.«

Ein paar Stunden später lotst mich ein Kontaktmann durch das Gewirr der Altstadtgassen. Wir klingeln an einer Tür, steigen eine steile Treppe hoch. Oben empfängt uns eine freundliche Frau mit leicht geröteten Augen. Es ist die Mutter von Hanadi Tajassir Dscharadat, die mit 29 den Märtyrertod starb. Auch Hanadi wollte Rechtsanwältin werden, stand kurz vor der amtlichen Zulassung. Doch im Juni 2003 erschossen die Israelis ihren Bruder und ihren Cousin. »An jenem Tag«, sagt die Mutter, »hat sich wohl alles für sie geändert. Ihr Glaube an Allah ist noch stärker geworden.«

Vier Mitglieder der achtköpfigen Familie Dscharadat sitzen mit uns beim Tee. Rahmi, die 52-jährige Mutter, Deisir, der 52-jährige Vater, Fadia, 25, und Ahd, 17, zwei Töchter. Deisir erzählt, seine Tochter habe am Tag vor ihrer Tat noch gescherzt. »Du solltest dir eine zusätzliche Frau nehmen«, habe sie zu ihm gesagt. Sie kaufte ihm Süßigkeiten, er ahnte nicht, dass es ein Abschiedsgeschenk war. Am 4. Oktober 2003 schnallte sie sich einen Sprengstoffgürtel um und schlüpfte beim Dorf Bata'a durch den Checkpoint am Absperrzaun, der Wachsoldat nahm keine Leibesvisitation vor. In Haifa jagte sie das Restaurant »Maxim« in die Luft, riss 19 Menschen mit in den Tod. »Es war wie ihr Hochzeitstag«, kommentierte damals ihr 15-jähriger Bruder Thaher die Tat. »Es war der glücklichste Tag ihres Lebens.«

»Wie haben Sie denn die Nachricht aufgenommen?«, frage ich den Vater.

»Ich habe den Leuten, die sie mir überbrachten, gesagt: ›Wer trauern will, soll das irgendwo in der Stadt tun. Wer mich aber beglückwünschen will, der ist in meinem Haus willkommen.‹«

Er lacht, und sein Lachen steckt die anderen an. Es ist, als säßen wir beim Kaffeeklatsch. Ich blicke ins Gesicht der Mutter. Doch auch dort keine Tränen. »Wir behandeln die Juden so, wie sie uns behandeln: Auge um Auge, Zahn um Zahn«, sagt sie. »Sie zerstören unsere Häuser und Bäume, töten Kinder und Alte, sie haben kein Mitleid mit uns.«

»Auch Hanadi«, sage ich, »hat unschuldige Menschen getötet.«

»All die Jahre«, entgegnet sie, »haben die Juden Unschuldige getötet. Wenn sie könnten, würden sie uns alle umbringen.«

Noch ein Glas Tee, noch ein Gebäck. Ich verabschiede mich. Es war ein ausgesprochen liebenswürdiger Empfang.

Sanna Abu Asisa, 37, und Effat Dscharrar, 44, arbeiten für ein Projekt der Organisation »Ärzte ohne Grenzen«. Sie wollen Menschen helfen, ihre Traumata zu verarbeiten, die Traumata der zweiten Intifada. Die Frauen erzählen von ihren Patienten. Ein 18-jähriges Mädchen sieht in seinen Träumen ständig Menschen sterben, und die Leute sagen ihr, das sei auch für sie ein schlechtes Omen. Ein elfjähriges Mädchen hat seit einer Schießerei an ihrer Schule Schmerzen in Hand und Bein. »Wir lösen ein Problem«, sagt Sanna, »und schon taucht das nächste auf.«

Nach einer Stunde reden beide nicht mehr über ihre Patienten, sondern über sich. Von Sannas Haus, das Soldaten besetzten, weil sie es für ihre Operationen brauchten; sie pferchten alle Familien kurzerhand in eine einzige Wohnung. Von einem Soldaten, der sie zwingen wollte, auf Arabisch »Ich liebe Israel« zu sagen. Von der Unmöglichkeit, einen Gedanken zu fassen. »Ich lese ein Buch und weiß gar nicht, was ich überhaupt gelesen habe«, sagt Effat. »Ich stehe am Kochtopf und weiß gar nicht, was ich gerade in den Topf gegeben habe.«

»Wir leben alle in einem großen Gefängnis«, sagt Sanna. »Jeden Moment warten wir darauf, dass irgendetwas passiert.«

»Aber wir gehen nicht weg von hier«, sagt Hassan Ahmed. »Und wenn wir von Wasser und Brot leben müssen.«

Donnerstag, 30. Oktober
Zurück nach Israel. Morgen habe ich einen Termin am Sperrzaun, mit einem Führer der israelischen Armee. Ich muss nach Tel Aviv, um den Mann dort abzuholen. Eineinhalb Stunden Fahrt mit dem Bus. Busse sind bevorzugte Ziele von Selbstmordattentätern.
Eine arabische Frau steigt ein. Brauner Umhang, schwarzes Kopftuch, leicht als Muslimin zu erkennen. 1,2 Millionen Araber haben einen israelischen Pass. Die Frau bezahlt ihr Ticket, setzt sich gleich in die erste Reihe. Duckt sich unter der Last der Blicke, die sich von hinten in sie bohren. Niemand spricht ein Wort, alle starren auf sie, jeder hat nur einen einzigen Gedanken. Ein falscher Griff an die Hüfte, und man wird sich auf sie stürzen.
Wer in Israel Bus fahren will, braucht gute Nerven. Stets teilen sich die Passagiere auf. Die einen sind »Täter«, die anderen »Opfer«.

Kapitel 3
Gitter gegen Attentäter
Der Sperrzaun

»*Bemühe dich nie, dein Handeln zu erklären – deine Freunde brauchen das nicht, und deine Feinde glauben dir sowieso nicht.*«
ELBERT HUBBARD, AMERIKANISCHER SCHRIFTSTELLER

Major Robert Kuperman hat eigentlich schon genug für sein Land getan. Er kämpfte für Israel 1967 im Sechstagekrieg, 1973 im Jom-Kippur-Krieg, 1982 im Libanon. Er ist 58 und hat so viel mit der Armee erlebt, dass man ihn nun eigentlich in Ruhe lassen könnte. Aber immer wieder rufen sie ihn, und immer wieder lässt er sich rufen. »Er ist unser bester Führer«, sagen die Pressebetreuer der Israeli Defense Forces (IDF). Er wurde in Argentinien geboren, hat Tiermedizin, Geschichte und Geographie studiert, spricht fließend Spanisch und Portugiesisch, Englisch und Arabisch. 25 Staatspräsidenten, Dutzende von Ministern und unzählige Delegationen hat er schon durch die älteste Krisenregion der Welt begleitet. »Ich mag einfach diesen Job«, sagt »Kupi« – die elegante, kumpelhafte Kurzform steht sogar auf seiner Visitenkarte.

Kupi fährt mit mir einen halben Tag an einer Grenze entlang, die abweisend und abschreckend, hässlich und bizarr, provokant und verstörend ist.»Ich weiß, wie schwer es ist, so eine Grenze zu verkaufen«, sagt der Mann in Uniform. »Aber ich will es trotzdem tun. Die Ereignisse haben uns leider keine andere Wahl gelassen.«

Ich habe für die Tour ein Auto gemietet. Kupi sitzt selber am Steuer, damit ich Notizen machen kann. Wir dürfen die Asphaltstraße benutzen, die direkt am Sicherheitszaun entlang verläuft und eigens für die Armee gebaut wurde. Die Fahrt beginnt westlich von Dschenin, am nur 16 Kilometer breiten »Flaschenhals« von Israel. Bis 1967 hatten die Militärs ständig Angst, dass Truppen der arabischen Nachbarländer in diesem Abschnitt versuchen würden, zum Meer durchzustoßen und Israel in zwei Teile zu zerschneiden. Die Grenze verläuft von hier Richtung Süden. Kupi hat eine Aktentasche mit Karten dabei. Aber natürlich hat er alles auch im Kopf.

»Ganz ehrlich«, sagt der Major, »wir hatten 1967 nicht den Plan, die ganze Westbank zu okkupieren. Aber ein Krieg hat seine eigenen Gesetze. Plötzlich hatten wir dieses Land in der Hand, und damit eine ganz neue Situation.« Es war nicht das erste und nicht das letzte Mal, dass ein Territorium im Handstreichverfahren erobert wurde – und dann wie ein Mühlstein am Hals der Besatzungsmacht hing.

»König Hussein von Jordanien hat zwei große Fehler gemacht«, doziert der IDF-Führer. »1967, als die Araber ihre Katastrophe erlebten – an diesem Krieg nahm er teil. 1973, als die Araber sich achtbar schlugen – an diesem Krieg nahm er nicht teil.« Auch er habe wohl die Palästinenser nach einiger Zeit wie einen Mühlstein empfunden. »Was hat er denn für sie getan?« Das Heilige Land ist unheiliges Land. In den vergangenen zehn Jahren haben sich 260 Palästinenser aus den besetzten Gebieten in die Luft gesprengt, die Hälfte davon seit dem Jahr 2000. Fast 1000 Israelis sind der jüngsten Intifada zum Opfer gefallen, mehr als 2600 Palästinenser den Gegenaktionen der Armee. »Soll ein Staat wehrlos hinnehmen, dass seine Bürger zum Ziel von Anschlägen werden?«, fragt Kuperman. »Wir lieben den Zaun nicht. Aber wir mussten etwas tun.«

Seit die Israelis mit dem Bau begannen, tobt um ihn eine Propagandaschlacht, mit einem Wust aus Zahlen und Fakten, Halbwahrheiten und Lügen. Das Palästinensische Zentralamt für Statistik gibt an, rund 165 000 *dunum* (Quadratkilometer) des Westjordanlandes seien dafür konfisziert worden: 40 460 *dunum* Staatsland, vor allem im Raum Dschenin, und 124 323 *dunum* Privatland, vor allem im Raum Jerusalem. Die Weltbank spricht von 200 000 Palästinensern, die durch den Zaun geschädigt würden, und von 80 000 Olivenbäumen, die ihm zum Opfer gefallen seien. Palästinensische Politiker nennen das Sperrwerk schlicht eine »Mauer«, um damit bewusst Erinnerungen an die Berliner Mauer zu wecken.

Was ich sehe, ist ein vier Meter hoher Drahtzaun, zehn Meter dahinter eine Reihe Stacheldraht. Elektrische Sensoren lösen Alarm aus, wenn jemand den Zaun berührt, ihn zu überklettern oder durchzuschneiden versucht. An einigen Abschnitten steht in der Tat eine Betonbarriere, sechs Meter hoch. »Es sind Stellen, wo immer wieder Heckenschützen auf jüdische Siedlungen geschossen haben«, sagt der Major. »Die Bewohner hatten schon früher Mauern von fünf Meter Höhe gebaut. Wir haben jetzt noch einen Meter draufgesetzt.« Die längsten Mauerabschnitte ziehen sich an zwei arabischen Grenzstädten entlang: vier Kilometer bei Tulkarem, sechs Kilometer bei Kalkilia.

Wir sehen Wachtürme und ein paar Arbeiter, die letzte Hand an das Sperrwerk anlegen. Teils folgt es der Grünen Linie, der Grenze des Westjordanlandes vor seiner Besetzung 1967. Teils schneidet es tief in palästinensisches Gebiet hinein, trennt Bauern von ihren Feldern, schafft eine Art neues Niemandsland, schlägt ganze Dörfer de facto der israelischen Seite zu, obwohl sie formell nicht zu Israel gehören. Zwei Stunden morgens und zwei Stunden nachmittags öffnen sich einzelne Tore für den kleinen Grenzverkehr. Aber nur wer eine Genehmigung hat, darf sie passieren. »Ja, es ist eine Kollektivstrafe für die Palästinenser«, sagt Kuperman. »Aber so ist es leider oft in der Politik.«

An einem Tor stehen drei verzweifelte Araber. Ein Mann, eine Frau, ein kleiner Junge. Heute früh um sechs, so sagen sie, seien sie aus ihrem Dorf in Israel auf die palästinensische Seite gegangen, wegen einer dringenden Familienangelegenheit. Sie hätten vergessen zu fragen, wie lange das Tor offen bleibe. Jetzt rütteln sie an den Eisengittern des verschlossenen Tores. Für Notfälle gibt es auch eine Art Klingel, aber leider ist an diesem Abschnitt schon seit einigen Stunden der Strom abgestellt. Kupi steht so hilflos auf der diesseitigen Seite des Zauns wie die Araber auf der jenseitigen. »Es ist traurig, es tut mir wirklich Leid, aber da kann ich auch nichts machen.«

Wieder einmal geht ein Protestschrei durch die Welt, die Vereinten Nationen haben zum x-ten Mal eine Resolution gegen Israel verabschiedet. Der Zaun aber wächst, Kilometer um Kilometer, am Ende soll er das Westjordanland auch nach Osten zum Jordantal hin abriegeln. Seit der Zaun da ist, sagen seine Verteidiger, ist die Zahl der Attentate deutlich gesunken. Also werden die Palästinenser endgültig eingesperrt, und sie haben erneut ein paar Tausend Quadratkilometer Land verloren. »Dies ist der Gnadenstoß für alle Versöhnungsbemühungen«, tönt die palästinensische Führung.

Gibt es irgendeine Geschichte, die Mut machen könnte? Kupi denkt nach, und ihm fällt eine ein, als wir zwischen zwei arabischen Dörfern durchfahren, Schufa rechts auf israelischer, Tayiba links auf palästinensischer Seite. Mein Führer steuert das Auto von der Straße in die Büsche. Anfang 2003, der Zaun war noch nicht fertig, schlich sich im Dunkel der Nacht ein 22-jähriger Araber mit einem Sprengstoffgürtel von drüben auf israelisches Gebiet. »Hier auf diesem Hügel, kommen Sie, hier übernachtete er unter freiem Himmel. In den Stunden vor der geplanten Tat müssen dramatische Dinge in ihm vorgegangen sein. Als es Tag wurde, brachte er seinen Gürtel in die nächste Moschee. Dann ging er zur Polizei und bat darum, die Bombe zu entschärfen.«

Samstag, 1. November

Ich will auf die andere Seite der Sperranlage. Wer in die palästinensische Stadt Kalkilia möchte, muss sozusagen durch die Hintertür. Im Norden: Zugang zugemauert. Im Westen: Zugang zugemauert. Im Süden: Zugang zugemauert. Ich laufe eine Riesenschleife um diese Enklave herum. Der einzige Checkpoint liegt im Osten. Kopfschütteln bei meiner Ankunft, wie immer. Kritischer Blick auf den Rucksack, wie immer. Doch die Soldaten winken mich durch. Nun laufe ich genau nach Westen, hinein in die eingesperrte Stadt.

Kapitel 4
Schatten der Mauer
Die eingeschlossene Stadt Kalkilia

»*Der böse Trieb ist erst wie das Spinnengewebe,
dann aber wie dicke Taue.*«
BABYLONISCHER TALMUD, SUKKA 52A

Ich stehe mit meinem Rucksack im Rathaus von Kalkilia. Zeige ein Empfehlungsschreiben in arabischer Sprache. Ich habe keinen Termin, platze einfach so herein. Die Leute staunen über mein Gepäck, veranstalten Probeheben, schütteln mir anerkennend die Hand und schieben mich zu einem Mann, der Englisch spricht. Nidal Dschallud, 47 Jahre, Leiter der Öffentlichkeitsarbeit. Er zieht eine CD und ein Dutzend Infoblätter aus der Schublade. »Wir haben schon viele Besucher bekommen, vor allem aus Europa.«

Eine halbe Stunde später sitzen wir in einem Auto der Stadtverwaltung. Fahren zur Grenze, wohin sonst. Jeder Besucher will hier zur Grenze.

»Achten Sie auf die Ladenschilder«, sagt Dschallud. »Fast alle sind auf Arabisch und Hebräisch. Wir sind eine typische Grenzstadt. Die Israelis gingen hier ein und aus. Sie kauften günstig ein, hatten Textilbetriebe. Fünf Zugänge gab es nach Kalkilia. 6000 Einwohner der Stadt gingen zur Arbeit nach

Israel. Und jetzt? Schluss! Fertig aus! Jetzt sitzen wir wie in einem Käfig. Wissen Sie, was das bedeutet?«

In den Infoblättern ist alles aufgelistet. Kalkilia ist von 6200 *dunum* landwirtschaftlicher Fläche umgeben. 26 Prozent davon waren unbewässertes Land, auf dem meist Trauben und Oliven wuchsen. 74 Prozent waren bewässertes Land. Gut ein Drittel davon wurde für den Bau der Sperranlage konfisziert. Der 45 000-Einwohner-Stadt gingen 24 *dunum* mit Treibhäusern, 173 *dunum* mit Baumschulen, 444 *dunum* mit Gemüse- und 967 *dunum* mit Obstgärten verloren. »Wir waren einmal der Brotkorb der Westbank«, sagt Dschallud.

Die Grenznähe zu Israel, einst der große Vorteil, wurde Kalkilia zum Verhängnis. Direkt vor den Toren der Stadt verläuft die neue Autobahn Nr. 6, die Trans Israel Road, die längste und wichtigste Fernstraße des Landes. Als die zweite Intifada begann, wurden aus der Stadt heraus Autos beschossen. Die Militärs kamen zu dem Schluss, dass ein Zaun hier als Schutz nicht ausreiche. So bauten sie im Westen der Stadt die Barriere aus Beton. Im Norden liegt die jüdische Siedlung Zufin, im Süden die jüdische Siedlung Alfe Menascheh, beide auf besetztem Gebiet errichtet. Deren Zufahrtsstraßen lagen ebenfalls im Gefahrenbereich. So bauten sie im Norden und Süden die Barriere aus Draht. Die schmale Landbrücke, die noch im Osten blieb, wäre ein Schlupfloch gewesen. Daher musste, das verlangt die unerbittliche Sicherheitslogik, auch die letzte Lücke geschlossen werden. Nun können die Einwohner von Kalkilia ohne Genehmigung nicht einmal mehr in die palästinensischen Nachbardörfer. Und die Bauern von dort können hier nicht mehr ihr Olivenöl verkaufen.

Wir fahren an den Sperrzaun im Norden. Dort sitzt der Gärtner Riad Dawud in einem Treibhaus voller prächtiger Blumen und Pflanzen. 1996 pachtete er fünf *dunum* Land, voller Unternehmungsgeist und Hoffnung auf die Zukunft. Er setzte ganz auf den Markt in Israel, auf wohlhabende Kunden mit hübschen Häusern und Gärten, die mit seinem Grün geziert werden sollten. Jetzt aber kommt kein einziger Käufer mehr zu ihm. Die Araber haben sowieso nicht das Geld, den Juden hat das Sperrwerk den Weg hierher verbaut.

»Wir brauchen Brücken statt Barrieren«, sagt der 37-Jährige. »Die meisten Palästinenser, glauben Sie mir, wollen einen dauerhaften Frieden. Wir sind Nachbarn, wir haben doch gar keine Alternative. Wir müssen uns nur gegenseitig akzeptieren.«

Dawud kann schon lange die Pacht nicht mehr bezahlen. Er hat seine Büsche und Bäumchen zurückgeschnitten, zum Glück wachsen sie ja wieder nach, aber wie lange soll das noch so gehen? »Ich gebe die Hoffnung nicht auf«, sagt er und zeigt zum Himmel. »Ich hoffe, dass Allah mir helfen wird.«

Der Boden von Kalkilia birgt noch einen anderen Reichtum. Das Gebiet verfügt über ein großes Grundwasservorkommen. 362 Millionen Kubikmeter liefern die Untergrundströme jedes Jahr, das ist ungefähr die Hälfte der gesamten Ressourcen des Westjordanlandes. »Der neue Sperrzaun ist genau so gelegt worden«, sagt Stadtsprecher Dschallud, »dass Israel nun fast die ganze Kontrolle über die ergiebigsten Wasserspeicher hat.«

Wir fahren an die Mauer im Westen. Treffen Hassan Schram, Besitzer eines der größten Gartenbaubetriebe in den *territories*, seit 23 Jahren in diesem Geschäft. Von seinen insgesamt 80 *dunum* Gesamtbesitz hat er 35 *dunum* durch die Sperr-

Der Pflanzenzüchter Riad Dawud hat durch die Absperrung sämtliche Kunden verloren.

anlage verloren. Auch hier wird zwei Stunden vormittags und zwei Stunden nachmittags ein Tor geöffnet, und wenn er eine Genehmigung bekommt, darf er auch hinüber auf sein Land. Doch welcher Gärtner, welcher Bauer kommt mit diesem Rhythmus klar?

Auch er hat ganz auf Kunden aus Israel gesetzt. »Glauben Sie, ein Palästinenser wird meine Pflanzen kaufen, wenn er nicht einmal Reis und Zucker hat?« Auch er steht jetzt vor dem Nichts. »Ich habe keinen Markt mehr, weder in Israel noch in Jordanien. Es ist ein Verbrechen«, sagt er. »Ein Verbrechen gegen die Menschlichkeit.«

An der Mauer, 50 Meter vor uns, haben Sprayer schon ihre Spuren hinterlassen. »Berlin« steht da in großen Lettern auf dem Beton. »*Tear down this wall!*« – der berühmte Satz, den der amerikanische Präsident Reagan seinerzeit dem sowjetischen Parteichef Gorbatschow entgegenschleuderte.

Hassan Schram blickt stumm nach Westen, »Sie haben uns den Sonnenuntergang genommen«, sagt er dann leise. »Wenn meine Kinder nach Westen schauen, sehen sie nur eine Mauer.« Er steht auf, kickt gegen ein Stuhlbein und sagt: »Es ist ja nicht nur, dass sie uns das Land nehmen. Einmal sind Soldaten nachts in unser Haus gekommen. Sie weckten meine achtjährige Tochter mit Fußtritten auf. Wissen sie nicht, wie viel Hass sie damit säen? Wenn meine Tochter 18 ist, schnallt auch sie sich vielleicht einen Sprengstoffgürtel um.«

Samstag, 1. November
Wieder auf die israelische Seite. Den ganzen Weg zurück nach Norden. Ein Stück darf ich per Anhalter fahren. »Wo kommen Sie denn her?«, fragt der Mann am Steuer. »Ein deutscher Tramper, hier?« Ich wundere mich, dass ein Autofahrer in dieser Gegend überhaupt hält. Aber es ist Sabbat, die Busse fahren nicht. Manchmal ist Mitleid stärker als Misstrauen.
Checkpoint Dschalama, zum zweiten Mal. Nun bin ich wieder auf palästinensischem Gebiet. Ich muss auf meine englische Wortwahl achten. »territories« heißt es in Israel, »Palestine« bei den Palästinensern; »terrorists« dort, »fighters« hier.
Ich will tiefer ins Westjordanland hinein. Dafür muss ich durch Dschenin hindurch. Der Checkpoint am Südende der Stadt heißt Dschanat. Wieder ein Panzer, aber keine Schlange. Der israelische Soldat spricht so gut wie kein Englisch. Aber die paar barschen Worte, die er kann, reichen aus.
»You don't pass«, »Sie kommen hier nicht durch.«
»Aber warum, ich bin doch Journa ...«
»You don't pass. You go back.«
Gründe? Es gibt immer Gründe. Aber ich werde sie nie erfahren.

Kapitel 5

Bomben statt Blumen

Die Arabisch-Amerikanische
Universität Zababdeh

»Und was bleibt nach der Wahrheit, wenn nicht Irrung?«
KORAN 10, 33

Wo ein Wille ist, da ist ein Weg. Er kostet fünf Schekel, umgerechnet kaum einen Euro. Die Studenten der Arabisch-Amerikanischen Universität von Dschenin müssen ihn jeden Tag zweimal nehmen, einmal hin, einmal zurück. Die Uni liegt vor den Toren der Stadt, beim Dorf Zababdeh. Der Weg, den die Busse fahren, ist ein verbotener Weg. Aber die israelischen Militärs drücken meist ein Auge zu. Sei es, dass sie den Aufwand scheuen, jeden Transport zu unterbinden. Sei es, dass sie selber spüren: Es gibt auch für Absurditäten eine Grenze.

Der Bus fährt eine Riesenschleife. Er rumpelt über einen Feldweg, überwindet mehrere Erdwälle, die von Soldaten aufgeschüttet und dann wieder durchbrochen wurden. Vor und hinter dem Bus wühlen sich Taxis durch den Staub, manchmal drehen die Räder durch, dann versinken wir Passagiere in graubeigen Wolken.

Die Erdwälle, die nun nahen, sind mindestens vier Meter hoch. Da kommt beim besten Willen kein Auto mehr durch.

»Alles aussteigen, Ticket behalten!«, ruft der Busfahrer. Die Studenten schnallen ihre Büchertaschen, ich meinen Rucksack um. Wie eine Karawane stapfen wir über die frisch aufgeschütteten Hügel, die den Verkehr blockieren sollen. Auf der anderen Seite warten ein zweiter Bus und eine Armada von Taxen. Noch einmal zerwühlen wir den Boden, dann haben wir Asphalt unter den Rädern. Es geht nach Osten, ohne Kontrollposten.

Die Arabisch-Amerikanische Universität wurde vor vier Jahren mit Mitteln aus den USA gegründet. Die meisten Absolventen, erzählen mir die Studenten im Bus, suchen danach das Weite. Sie gehen in die Emirate, nach England, in die Vereinigten Staaten. Das ist zwar nicht im Sinn der Universitätsgründer, doch welche Zukunft kann ihnen Palästina bieten? Blockierte Straßen, blockierte Karrieren.

Ich lenke meine Schritte zum Fachbereich Anglistik. Sitze vor den Sprechzimmern der Professoren in einem Pulk von jungen Leuten, die mich neugierig betrachten. Ich will mit ihnen meinen weiteren Weg besprechen und mache dabei einen Fehler. Meine topographischen Karten, die ich hervorkrame, sind hebräisch beschriftet. Es sind Karten des Survey of Israel, Maßstab 1:50000, das Beste, was es für die Gegend gibt. Die wichtigsten Orte und alle Zeichenerklärungen habe ich – freundlich assistiert vom Israelischen Tourismusbüro in Berlin – mit lateinischen Buchstaben überklebt. Aber es bleiben israelische Karten. Für palästinensisches Gebiet. Die Blicke um mich herum werden finster. Es ist nicht leicht, den Studenten klar zu machen, dass Landkarten der geographischen und nicht der politischen Orientierung dienen.

Was können Lehrkräfte tun, um das Denken zu entpolarisieren? Christine Rossetti, eine Schweizerin, hat einen Theaterclub gegründet und ihre Studenten aufgefordert, einmal israelische Soldaten zu spielen – sie weigerten sich. Ijad Abu Rub, ein Palästinenser, zeigte seinen Studenten Fotos von bildhübschen kleinen Kindern und fragte sie, ob sie diese Kinder umbringen könnten. »Niemals!«, war die einhellige Reaktion. »Sie

Helden des Freiheitskampfes: Porträts gefallener palästinensischer Kämpfer in Farah

sind alle umgebracht worden«, sagte er in fassungslose Gesichter hinein. »Und zwar von Palästinensern.«

»Die Israelis zeigen uns immer nur ihre militärische Stärke«, sagt Abu Rub. »Dabei haben sie doch auch ausgezeichnete Musiker, Schriftsteller, Architekten. Wie schön wäre es, wenn wir auch mal mit denen zu tun hätten. Wir brauchen nichts mehr als Dialog, und hier bei uns selber müssen wir damit anfangen.« Was wäre, wenn es mehr Leute wie ihn gäbe? Er ist ein Meister darin, mit unorthodoxen Fragen die Schwarz-Weiß-Schemata aufzubrechen. »Wer hat mehr Muslime umgebracht?«, fragte er einmal im Unterricht. »George Bush oder Saddam Hussein?«

Ich ziehe weiter zum Dorf Tubas, begleitet von einem ortskundigen Studenten. Bin zu Gast bei alten Fatah-Kämpfern, die jahrelang im Gefängnis waren. Sie bieten mir an, bei ihnen zu übernachten. Nach dem Abendessen sitzen wir bei Tee und Nüssen und süßem Gebäck, und sie erzählen, wie sie ihr Leben einsetzten, um ihr Land gegen die eindringenden Juden zu verteidigen. »Wir hatten gar kein klares politisches Konzept«, sagt einer von ihnen. »Wir fühlten einfach die Verpflichtung, etwas für unsere Heimat zu tun. Alles, was gegen die Besatzer ging, war prinzipiell richtig. Ja, so einfach war das.« Er zieht ein Hosenbein hoch, zum Vorschein kommen zerschundene Schenkel. »Wir kamen nachts über den Jordan«, erzählt er. »Die Israelis aber haben uns aufgespürt, umzingelt und zusammengeschossen. Ich hatte mit meinen Kugeln im Bein noch Glück.«

Saher, sein neunjähriger Sohn, zielt zum Spaß mit einer Plastikpistole auf mich. »Wir wollen keine Gewalt«, sagt der Vater, dem das peinlich ist. »Wir wurden in diesen Teufelskreis gezwungen. »Der Junge malt auch gern«, fährt der Vater traurig fort. »Leider aber nie Blumen. Geh, Saher, hol doch mal dein neuestes Bild!« Der Junge bringt stolz sein Werk, das er gerade vollendet hat. Ein Armeeauto schießt auf einen Baum. Ein Panzer schießt auf ein Pferd. Ein Hubschrauber schießt auf einen Menschen. »Darf ich es fotografieren?«, frage ich. »Dafür sind die Linien wohl ein wenig blass«, sagt der Vater. Der Junge holt einen Stift und zieht sie nochmal kräftig nach.

So hat der neunjährige Saher seinen Alltag gezeichnet.

Montag, 3. November

Die Berge werden höher, die Schluchten tiefer. Sonne, Steine, braunes Gras. Ich folge einem Pfad hoch über dem Tal. Kein Mensch weit und breit. Die Stille wird mir unheimlich. Es ist ein großer Unterschied zwischen der Gefahr, die man subjektiv spürt, und der Gefahr, die objektiv herrscht. Wie viele Augen beobachten mich, ohne dass ich es weiß?

An der Abzweigung nach Talluza stehen Fahrer mit Geländewagen. Sie beschwören mich, nicht über die Berge in die Stadt Nablus zu laufen. »Es ist zu gefährlich«, sagen sie. »Da oben sind schon so viele Unschuldige erschossen worden.« Diesmal höre ich auf die warnenden Stimmen. Und steige in ein Auto mit Vierradantrieb ein. Es wird der abenteuerlichste aller Schleichwege. Erdwälle bis zu drei Meter hoch, tiefe Furchen in getrocknetem Schlamm, Felsbrocken, Schotter, weggebrochene Fahrspuren – der Wagen bäumt sich auf, schwankt hin und her bis in Kipplagen. Dann stößt er wie ein Sturzkampfbomber den Hang hinunter zur Stadt. Ein Mann ist außer sich vor Wut, als wir sein Haus passieren. Er reißt die linke Wagentür auf, will den Schlüssel herausreißen, tobt mit Armen und Beinen und blickt zum Himmel, als wäre sein Ende nahe. »Er glaubt, die Israelis kommen jetzt zu seinem Haus«, sagt einer meiner Begleiter, »weil wir hier bei ihm durch gefahren sind.« So ganz kapiere ich nicht. Aber ich weiß noch nicht, was letzte Nacht in Nablus passiert ist.

Kapitel 6

Blut auf dem Pflaster

Die Palästinenserstadt Nablus

»O Prophet, sporne die Gläubigen zum Kampf an.
Wenn nur zwanzig von euch standhaft Geduldige sind,
sie besiegen zweihundert, und sind es hundert von euch,
sie besiegen tausend von denen, die ungläubig sind.«
KORAN 8, 66

Nablus hat fast alles, was eine schöne Stadt braucht. Es ist tief eingebettet zwischen Gerizim, dem Berg des Guten, und Elon, dem Berg des Fluches, wie es im Alten Testament steht. Es hat Häuser in herrlicher Terrassenlage, türkische Bäder und eine typisch orientalische Altstadt mit verwinkelten Gassen und exotischen Läden, alten Handwerksbetrieben und gemütlichen Wasserpfeifencafés. Wer zwischen den Marktständen hindurchschlendert, vergisst für kurze Zeit, in welcher Lage die Stadt ist. Im Zentrum werden neue Häuser hochgezogen, Straßen asphaltiert, Gehwege angelegt – Gelder aus reichen Ländern, die hier verbaut werden.

An diesem Ort, so die jüdische Überlieferung, hörte Abraham zum ersten Mal nach seiner Ankunft im Land Kanaan die Stimme Gottes, und hier baute der Urvater seinen ersten Altar. Sichem, wie die Stadt zu biblischen Zeiten hieß, war nach der Reichsteilung 926 v. Chr. für einige Jahre die Hauptstadt des israelitischen Nordreiches unter König Jerobeam I.. Sie wurde, als Folge erbitterter innerjüdischer Kämpfe, 128 v. Chr. von Truppen des Hohepriesters Johannes Hyrkan I. zerstört. Im Jahr 72 n. Chr. gründeten die Römer an gleicher Stelle Neapolis, davon leitet sich der heutige Name ab. Nablus, sinniere ich, hat eine Gestalt und eine Geschichte.

Mein Begleiter Abud zieht mich am Arm. Schiebt mich durch das Gewühl einer Gasse, vorbei an Kaninchen und Kichererbsenpüree, Olivenbottichen und gackernden Hühnern. Heute Nacht, sagt er, haben die Al-Aqsa-Brigaden zugeschlagen, die jüngste der bewaffneten Widerstandsgruppen. Sie haben offiziell mit Präsident Jassir Arafat und dessen Bewegung Al Fatah nichts zu tun, wurden aber seit Ausbruch der zweiten Intifada von der palästinensischen Regierung offensichtlich toleriert, um den Israelis in den besetzten Gebieten das Leben so schwer wie möglich zu machen.

Eine Militärpatrouille, angeblich 20 Mann, war diese Nacht auf dem Weg in die Altstadt von Nablus. Al-Aqsa-Leute wussten offenbar davon. Sie zündeten eine Bombe, als die Soldaten zu Fuß in das Viertel Ali Jasmin vorstießen. »Hier passierte es, vor dieser Haustreppe«, sagt Abud. »Fünf Soldaten wurden verletzt.« Das Straßenpflaster ist noch rot von deren Blut. Die Leute stehen blass um die getrocknete Lache, eine Frau versucht, das Pflaster wieder sauber zu schrubben. Die Blutspur zieht sich die Gasse entlang, dann um eine Ecke zu einem offen stehenden Tor, das zum Innenhof eines Hauses führt. Hierher, sagt Abud, wurden die Verletzten geschleppt, von Sanitätern versorgt und abtransportiert. Die Menschen flüchten, als ich Fragen stellen will, das Tor fällt schnell und hart ins Schloss.

Nablus ist wie Dschenin eine Hochburg palästinensischen Widerstands. Als es dunkel wird, tauchen im Gewimmel der Altstadt plötzlich schwarz vermummte Gestalten auf. Al-Aqsa-Aktivisten. Einer der jungen Leute schreit mit seinem Megafon Parolen über die Köpfe der Passanten. Andere verteilen in Windeseile einen Pack von Flugblättern. »Militärische Mitteilung«, heißt es in der pathetischen Sprache, die diesen Gruppen eigen ist. »Al Aqsa übernimmt die Verantwortung für den Hinterhalt der vergangenen Nacht. Unsere Helden haben ihnen zwei M16-Gewehre abgenommen und sind damit entkommen.« Der Anschlag sei eine Vergeltung für den Tod des Mitkämpfers Ferdi Abu Zand »und eine Antwort auf die ständigen israelischen Massaker«. Unten auf dem Flugblatt die Botschaft: »Unser Name allein bedeutet Stolz«.

So schnell, wie sie auftauchten, sind die Aktivisten auch wieder verschwunden. Die Menschen stecken die Flugblätter schnell ein und gehen mit unbewegter Miene weiter. Sie wissen, was das Attentat bedeutet. Die Israelis werden zurückschlagen, sie werden die Täter suchen. Dann ist es wieder aus mit der Beschaulichkeit in Nablus. Wie viele Unschuldige wird es diesmal treffen?

Dienstag, 4. November

Ein stiller Platz ganz ohne Politik: Sechs indische »Sisters of Charity«, Mitglieder des Ordens von Mutter Theresa, haben in Nablus ihren kleinen Konvent und eine Zufluchtsstätte für Behinderte. Ein 90-jähriger italienischer Pater, seit 1977 in Palästina tätig, feiert täglich in der Hauskapelle die Messe mit den Nonnen. Ich bitte um Unterkunft und bekomme ein bescheidenes Zimmer. Leider ohne Licht, der Strom ist ausgefallen, irgendwo im Haus muss die Leitung kaputt sein. So schlurfen wir abends mit flackernden Wachskerzen durch die Gänge.

Kapitel 7
Überleben auf dem Berg
Die Minderheit der Samaritaner

»Die Welt besteht nur dank derer, die ihren Zorn beherrschen.«
BABYLONISCHER TALMUD, CHULLIN 89A

Radwan Altiv Samri holt mich mit seinem Auto ab. Er hat für meinen Besuch grünes Licht von den israelischen Militärs bekommen, die hoch über dem Tal von Nablus an der Schranke stehen. »Ich möchte Ihnen nur unsere Kultur zeigen«, sagt der 67-jährige Repräsentant einer Gemeinschaft, die jüdisch ist und doch auch wieder nicht. »Wir wollen nichts mit Politik zu tun haben.« Geht das überhaupt, wenn man in dieser Gegend lebt?

Wir fahren an Häusern vorbei, in denen die Samaritaner bis 1987 in Frieden mit den Arabern lebten. Dann aber brach die erste Intifada aus, der Aufstand der jungen Steineschleuderer. Sie machten keinen Unterschied mehr zwischen Juden, die sich in immer größerer Zahl auf Hügeln rund um Nablus niederließen, und Juden, die seit 3000 Jahren in der Stadt lebten. Nun waren auf einmal alle Juden gleich. Es half nichts, dass etliche Muslime ihre samaritanischen Nachbarn vor dem Mob schützen wollten. Die kleine Schar von Juden in Nablus mussten ihre Sachen packen. Sie zogen um auf den heiligen Berg, knapp 300 Meter höher, wo sie bis dahin nur ihre Riten abgehalten hatten.

Die Straße windet sich in steilen Serpentinen nach oben. Von hier aus eröffnet sich der Blick auf die prachtvolle Stadt im Tal. Wir passieren die Schranke, die Soldaten wissen Bescheid. Mein Führer beginnt, mir die Geschichte seines zusammengeschrumpften Volkes zu erzählen.

Im 5. Jahrhundert v. Chr. gab es rund 1,2 Millionen Samaritaner. Sie siedelten vom südlichen Syrien bis zum nördlichen

Die Samaritaner-Siedlung Kirjat Luza

Ägypten. Sie glaubten aber, im Gegensatz zu den Judäern, nur an Moses als Propheten und nur an den Pentateuch als Heilige Schrift – die fünf Bücher der Thora, die Moses seinem Volk als göttliches Gesetzwerk gegeben hatte. Für die Samaritaner war nicht der Tempel in Jerusalem das wichtigste Heiligtum, sondern der auf dem Berg Gerizim. In blutigen Kriegen wurden sie als Ketzer verfolgt, und 1917 gab es nur noch ganze 146 Samaritaner.

Seither aber, sagt Altiv, gehe es mit seinem Volk wieder aufwärts. Die Zahl stieg auf 250 im Jahr 1948, 414 im Jahr 1969, 595 im Jahr 1997. Heute liegt sie bei 655. Die eine Hälfte der Samaritaner, derzeit 330, lebt in Holon bei Tel Aviv, die zweite Hälfte, derzeit 325, hier oben in der Siedlung Kirjat Luza. »Wir haben zwei schwangere Frauen dort und vier schwangere Frauen hier«, ergänzt er stolz. »Wir sind sicher eines der ältesten Völker der Welt – und was das Durchschnittsalter betrifft, eines der jüngsten.« Wer in die Gemeinschaft einheiraten will, ob Mann oder Frau, darf es gerne tun – unter der Bedingung, dass er oder sie deren Religion annimmt.

Sieben Feste bestimmen den Jahresablauf dieser jüdischen Gruppe. Beim Passah zum Beispiel wird nach einer sechsstündigen Wallfahrt auf dem Gerizim-Gipfel ein Lamm- und Ziegenopfer dargebracht, 14 Tage zuvor feiern sie Neujahr. Beim Schawuot, dem Wochenfest 50 Tage nach Passah, danken sie für die Ernte, beim Sukkot, dem Laubhüttenfest, bringen sie Palm-, Myrten-, Weiden- und Zitruszweige in die Synagoge,

Grundschule der Samaritaner

beim Schemini-Atzeret, dem Freudenfest, tragen sie tanzend und singend die Thora durch das Gotteshaus. Ihre heiligen Schriften sind auf Althebräisch geschrieben, der Sprache, die Juden bis zum Beginn des ersten Jahrtausends vor der Zeitenwende gesprochen haben. Im Alltag aber sprechen die Samaritaner – ausgerechnet – Arabisch.

Wir besuchen den Kindergarten, die Grundschule, dann das Museum. Ich schreite an historischen Fotos, an Schriften und Stammbäumen entlang, eine Thora ist auf 25 Meter Wollgewebe geschrieben. Die Galerie der Hohepriester umfasst 112 Namen, die aus der Geschichte des Volkes bekannt sind, sie alle sind Nachfahren Aarons, des Bruders von Moses. Der derzeitige Amtsinhaber, Josef bin Ab-Hischa Ha'abtai, ist Abgeordneter im palästinensischen Parlament. Hier wahrt ein Volk seine Tradition und Würde, ohne sich einzubunkern.

Draußen auf der Straße treffe ich Hassan Amran, einen Muslim. Er gehört zu einer von drei arabischen Familien, die bei den Samaritanern in Kirjat Luza wohnen, weil sie hier Arbeit gefunden haben. »Ich fühle mich an diesem Ort zu Hause«, sagt der 40-jährige. »Wir sind hier wie Brüder.« »Wie bitte?«, frage ich nach.

»Die Samaritaner sind für mich Brüder«, wiederholt er.

Ich steige wieder zu Altiv ins Auto, wir müssen nach Nablus zurück. »Gefährliche Kurven«, steht auf einem Schild zu Beginn der Serpentinen, die sich nach unten winden. Der Samaritaner schaltet einen Gang herunter und legt ein blaues Schild an die Frontscheibe. »Palestinian National Authority« steht darauf. Die Behörden in Nablus haben es ihm gegeben, für alle Fälle. Denn der Wagen trägt kein grünes, also palästinensisches, sondern ein gelbes, also israelisches Nummernschild. Das bedeutet für Fahrzeug und Fahrer die Gefahr, zum Ziel von Steinwürfen zu werden.

Mittwoch, 5. November
Jede Nacht kracht es in den palästinensischen Städten. In Nablus ist es nicht anders als in Dschenin. Mal ist es eine einzelne Detonation, mal eine Sequenz. Die Menschen halten kurz inne, prüfen die Richtung, warten, versuchen, sich ihren Reim zu machen. Manche halten die Nasen hoch in die Luft wie witternde Rehe. Allmählich schärft sich bei mir das Ohr. Ein M16, das Gewehr der israelischen Soldaten, klingt etwas trockener und härter als eine Kalaschnikow, die bevorzugte Schusswaffe arabischer Kämpfer. Oft aber sind es auch nur Knallkörper, mit denen Jugendliche sich vergnügen – es kracht ihnen wohl noch immer nicht genug.

Kapitel 8

Feiern und feuern

Das umkämpfte Josefsgrab

»*Es gibt im Grunde nur zwei Arten des Umgangs mit der Bibel: Man kann sie wörtlich nehmen – oder man nimmt sie ernst. Beides zusammen verträgt sich nur schlecht.*«
PINCHAS LAPIDE, JÜDISCHER RELIGIONSPHILOSOPH

Kein Schild weist in Nablus den Weg zum Josefsgrab. Doch jeder kennt den Weg dorthin. Talauswärts nach Osten, vorbei an antiken Stadtruinen, die auf einem kleinen Hügel liegen. Nicht unbedingt eine gemütliche Gegend. Wer immer hier begraben liegen mag – dieses Monument ist alles andere als eine Ruhestätte. Die Luft scheint zu knistern.

Ich blicke auf Mauern, die von Feindschaft gezeichnet sind. Parolen in arabischer und hebräischer Schrift, eine über die andere gesprüht, Brandspuren und Einschüsse von Gewehrkugeln, zerborstene Steinplatten, zerrissene Kabelstränge, verrosteter Stacheldraht. In der Kuppel klafft ein großes Loch. Um Gräber haben im Heiligen Land schon viele Schlachten getobt. Denn Tote haben hier für die Lebenden einen besonders hohen Wert.

Mich überkommt das Gefühl, beobachtet zu werden. Aber ich kann die Augen nicht finden, deren Blicke ich auf mir spüre. Ich will auch nicht nach allen Seiten spähen, dadurch würde ich mich noch verdächtiger machen, als ich es durch mein Auftauchen hier ohnehin schon sein muss. Ich beginne zu fotografieren und merke, dass mein Zeigefinger zittert. Ich versuche, so etwas wie einen naiven Touristen zu spielen – und weiß doch nur zu gut, dass zurzeit kein einziger Tourist nach Nablus kommt.

Das Leben Josefs wurde in den alten Schriften kunstvoll gewoben: als gottgewolltes Beispiel dafür, wie ein weiser Mensch aus bescheidenen Verhältnissen nach leidvollen Prüfungen zu Macht, Reichtum und Ehre gelangt. Josef, jüngster Sohn von Jakob und Rachel, wurde in Sichem, dem heutigen Nablus, geboren. Als Sklave nach Ägypten verkauft, lebte er im Haus des hohen Staatsbeamten Potiphar, geriet in den Verdacht, mit dessen Frau ein Verhältnis zu haben und kam deswegen in den Kerker. Dort lernte er die Kunst des Traumdeutens. Eines Tages stand er vor dem Pharao, der von sieben fetten und sieben mageren Kühen, sieben dicken und sieben dünnen Ähren geträumt hatte. Josef prophezeite ihm sieben fruchtbare, dann sieben unfruchtbare Jahre, stieg zum Wesir auf und ließ Vorratshäuser für die Notzeiten anlegen.

Josef wurde zum Inbegriff jüdischer Anpassungsfähigkeit in einer nichtjüdischen Welt. Er und seine elf Brüder sind die zwölf Stammväter des israelitischen Volkes. Seine Knochen, so verfügte er laut mündlicher Überlieferung, sollten nach Sichem zurückkehren, in jenes Stück Erde, das Jakob einst gekauft hatte, »denn von dort habt ihr mich gestohlen«. So wurde das Josefsgrab zu einem Symbol für die Rückkehr der Juden ins verheißene Land.

Nach der Besetzung des Westjordanlandes durch Israel sahen die 150 000 Palästinenser von Nablus mit wachsenden Aversionen, wie der Kuppelbau zu einer Wallfahrtsstätte wurde. Ohnehin hatten die Muslime das Gefühl, durch den Bau jüdischer Siedlungen immer enger eingekreist zu werden. Elon Moreh entstand 1980, Har Bracha 1983, Jitzhar 1983, Itamar 1985. Die Grabpilger kamen nun aber auch noch in die Stadt hinein, und ihre Gebete waren zugleich Gesten der Macht – gefördert durch die Besatzungsmacht.

Im Jahr 1983 richtete der Jude Romam Aldubi am Josefsgrab eine Jeschiwa ein. 40 streng religiöse Juden studierten hier im Schatten von Moscheen die Thora und den Talmud. Die Schule trug den Namen Od Josef Chai, was nichts anderes bedeutet als »Der Geist von Josef lebt weiter«. 1995 zogen, als Folge des Oslo-Abkommens, die israelischen Truppen ab, die Palästinensische Autonomiebehörde übernahm die Kontrolle über Nablus – die Talmudschule aber blieb zunächst. Ihre Schüler übernachteten in der jüdischen Siedlung Jitzhar, gepanzerte Busse transportierten sie Tag für Tag. Die Zeitbombe begann zu ticken.

Nach dem Ausbruch der zweiten Intifada tobte im Oktober 2000 eine siebentägige Schlacht um das Josefsgrab: Siedler und Sicherheitskräfte auf der einen, Palästinenser auf der an-

Das zerstörte Josefsgrab in Nablus

deren Seite. Der Polizist Madha Jusuf verblutete, weil nicht rechtzeitig ärztliche Hilfe kam. Da gab Ministerpräsident Barak die Anweisung, das von Feinden umzingelte Josefsgrab zu räumen. Es war das erste Mal, dass Israel dem Druck der Straße wich. Kaum waren die Uniformierten weg, feierte ein arabischer Mob den »Sieg«. Horden von jungen Leuten plünderten die Stätte, zerrissen die Gebetsbücher und Kommentare zu den heiligen Schriften, legten Feuer. Als Reaktion errichteten wütende Juden Straßenbarrikaden in ganz Samaria. Der Siedler Hillel Liebermann rannte mit seinem Gebetsschal wie von Sinnen in die Landschaft hinaus, wurde von Arabern gefangen genommen und umgebracht.

Die Regierung verbot den Siedlern jeden weiteren Besuch der Stätte. Die Siedler aber schlichen sich nachts heimlich dorthin, um zu beten. Die Armee organisierte Konvois, um zumindest an jüdischen Festtagen Siedler unter Waffenschutz ans Josefsgrab zu bringen. Die letzte dieser Aktionen, zwei Wochen vor meinem Besuch, verursachte einen neuen Ausbruch von Gewalt. Das Militär verhängte eine Ausgangssperre. Palästinensische Kinder, die deswegen nicht zur Schule konnten, bewarfen die Stätte mit brennenden Reifen, nachdem die Juden weggefahren waren.

Ich scharre mit den Füßen im Schutt, mache noch ein paar Notizen. Eine Stunde war ich an der Stätte des Hasses. Wenigstens in dieser Stunde blieb es still.

Freitag, 7. November
Ich will auf die Gegenseite, zu den radikalen jüdischen Siedlern. Wandernd, wenn irgend möglich. Im Auto oder Bus, falls nötig. Allein oder in Begleitung, was immer gewünscht. Die meisten Siedler sind verschlossene, schwer zugängliche Menschen. Sie schießen, sagen mir Palästinenser, auf jeden Unbekannten, der sich ihren Dörfern nähert. So ähnlich habe ich das noch vor ein paar Tagen genau umgekehrt gehört.

Kontaktaufnahme über einen Mittelsmann, eine Kette von Telefonaten. Misstrauen, weil ich von der »falschen« Seite komme. Niemand käme hier auf die Idee, die Fronten zu wechseln, von Freundes- in Feindesland zu gehen. Ich sage: »Ich will mit allen Leuten reden. Deswegen bin ich doch nicht deren Sprachrohr.« Nützt nichts. In Elon Moreh heißt die Antwort nein.

Neuer Kontaktversuch, über den Rat der jüdischen Siedler in den besetzten Gebieten. Eine Dame im Jerusalemer Büro hilft. Ihr fällt ein, die Sprecherin der Siedlung Jitzhar ist eine geborene Deutsche. Nun darf ich in Jitzhar sogar übernachten.

Kapitel 9
Herren der Hügel
Die jüdische Siedlung Jitzhar

»*Die Welt ist freier durch unsere Freiheit, reicher durch unseren Reichtum, größer durch unsere Größe.*«
THEODOR HERZL, VATER DER ZIONISTISCHEN BEWEGUNG

Beim Morgengebet in der Synagoge tragen die Männer die göttlichen Gebote am Körper. Sie sind mit der Hand auf Pergament geschrieben. Die Röllchen werden in zwei kleine, schwarze Hülsen gepackt und mit Lederriemen festgebunden: ein Röllchen für die Hand, vier Röllchen für die Stirn. Riemen, Hülsen und Pergament müssen von koscheren Tieren stammen. »Es soll zu einem Zeichen an deiner Hand sein und zu einem Erinnerungsmal zwischen deinen Augen, damit das Gesetz des Herrn in deinem Munde sei«, so steht es in der Bibel, Exodus, Kapitel 13. »Denn mit gewaltigem Arm hat dich der Herr aus Ägypten herausgeführt.«

Hier oben in Jitzhar ist Gott näher als anderswo. »An diesem Ort gilt zuerst das Thora-Gesetz«, sagt Michal Ben Abraham, die Sprecherin der jüdischen Siedlung. Sie ist geborene Deutsche, verheiratet mit einem Amerikaner, acht Kinder, zwei Schwiegersöhne, ein Enkel. Seit 15 Jahren ist sie nun schon hier an der Front. Was fasziniert sie an diesem Hügel, zu dessen Füßen feindliche arabische Dörfer liegen? »Bei uns ist Philosophie nicht eine akademische Beschäftigung, sondern gelebte Wirklichkeit.«

Die 110 jüdischen Familien von Jitzhar aber leben bescheiden. »Wir kaufen uns sicher auch Kühlschrank und Waschmaschine, eine Stereoanlage und ein neues Auto«, sagt die 45-jährige Frau. »Aber für uns sind all diese Dinge nur Werkzeuge, um den Dienst an Gott besser auszuführen.«

Ihr Haus hat, wie alle Häuser streng gläubiger Juden, eine Stelle, die unvollendet bleibt. Bis in Jerusalem der neue Tempel wieder steht. Neben der Eingangstür, an einem Stück unverputzter Wand, ist ein Foto vom Josefsgrab aufgehängt. »Für uns ist Josef eine Weltanschauung«, sagt Michal Ben Abraham. Und beginnt ihre Ausführungen mit dem Buch Genesis. Wer mit gläubigen Juden spricht, muss Geduld mitbringen. Denn sie leben aus der Geschichte, von der Geschichte.

Israels dritter Sieg über die Araber, der von 1967, hatte Folgen, die erst Jahre danach sichtbar wurden. Es grenzte an ein Wunder, dass alle feindlichen Nachbarstaaten in sechs Tagen geschlagen, die Golanhöhen und die Halbinsel Sinai, Ostjerusalem und das ganze Westjordanland im Handstreichverfahren erobert wurden. War das nicht ein Fingerzeig Gottes? Stand die Ankunft des Messias bevor? Ein biblischer Rausch erfasste viele Juden. Stehen im Alten Testament nicht die Sätze vom auserwählten Volk? Den Nachkommen von Abraham – und nur ihnen – hatte Gott das Land Kanaan anvertraut. War nun

Bootsfahrt von Pilgern auf dem See Genezareth

Die Pilgerherberge Domus Galilaeae oberhalb des See Genezareth

Rahmi Dscharadat aus Dschenin mit einem Foto ihrer Tochter Hanadi Tajassir, die sich in einem Restaurant in die Luft sprengte und 19 Menschen mit in den Tod riss

Zwei Schwestern der Selbstmordattentäterin stehen vor den Ruinen ihres Hauses in Dschenin. Es wurde nach dem Anschlag von Israelis zerstört.

Zum Schutz vor Heckenschützen wurde an einigen Stellen eine Mauer gezogen wie hier bei Kalkilia.

Eine arabische Familie steht am Sperrzaun vor dem verschlossenen Tor. Die Durchgänge sind nur stundenweise geöffnet.

Checkpoint Kalandia, vor den Toren von Ramallah. Die Straße ist auf ein paar hundert Metern für den Autoverkehr blockiert.

An den beiden Straßensperren warten Busse und Taxen auf die Kunden. Nur Pferdewagen dürfen im »Niemandsland« vor Kalandia verkehren.

Siedlung Ein Kelt im Wadi Kelt

Nebi Musa, das angebliche Mosesgrab in der Judäischen Wüste

Israels Flagge weht über Massada.

Ein Gedi, Kibbuz, Kur- und Touristenzentrum am Toten Meer

Heiliger Ort für zwei Religionen in Hebron: Für Muslime heißt er Ibrahimi-Moschee, für Juden Me'arat Hamachpela.

Muslime kommen zum Gebet in die Moschee. Am Eingang werden sie von israelischen Soldaten kontrolliert.

Elyakim Ha'etzni, Anwalt radikaler Siedler, Zeitungskolumnist und Ex-Parlamentsabgeordneter, im jüdischen Teil von Hebron

Straßensperren bei Halul. Ein Händler macht aus der Not eine Tugend.

die Stunde der Erfüllung gekommen? Sie hatten, so glaubten immer mehr Juden, nicht nur das Recht, sondern sogar die Pflicht, Gottes Auftrag zu erfüllen.

Der Wahlsieg des Likud-Blocks 1977, der große Rechtsruck in Israel, brachte der religiösen Bewegung die Unterstützung der weltlichen Macht. Der Staat half Siedlern, die sich in die besetzten Gebiete aufmachten. Nicht genutztes Land, gut die Hälfte des Westjordanlandes, kam als »Staatsland« unter seine Kontrolle. Die Regierung förderte Siedlungsprojekte mit Steueranreizen und großzügigen Krediten, mit Wasserversorgung, Strom und Straßen. Das Militär sicherte sie gegen Überfälle von Palästinensern, die jede Neugründung als weiteren Landraub betrachteten. Jedes Jahr wuchs die Zahl der jüdischen Siedlungen. Sie umgaben das wiedervereinigte Jerusalem wie ein Schutzwall. Und im Westjordanland stieg die Zahl der Juden auf etwa 200 000 an.

Michal Ben Abraham fährt mich durch Jitzhar. Ich sehe Soldaten und Siedler mit Gewehren und Bauarbeiter mit Kippot, den traditionellen Käppchen gläubiger Juden. »Die Siedlung wird immer größer«, sagt die Frau. »Ständig werden neue Häuser gebaut. Jedes Jahr kommen im Durchschnitt zwölf neue Familien dazu.« Der Verlust des Josefsgrabs, sagt sie, habe die Siedler noch enger zusammengeschweißt. »Je mehr man uns quält, desto stärker werden wir.« Mit dem Volk Israels sei es wie mit den Oliven, die allenthalben im Land wachsen: Erst durch starkes Pressen komme der kostbare Extrakt heraus.

Am Tag zuvor musste die Frau nach Jerusalem zu einer Verhandlung vor dem Untersuchungsrichter. Zwei junge Männer aus Jitzhar werden von einem arabischen Bauern beschuldigt, 600 Olivenbäume – seine ganze Ernte – gefällt zu haben. Ist das die Strategie, mit der die Palästinenser aus dem Land geekelt werden sollen? »Jedes Jahr zur Erntezeit geht es los mit diesen Beschuldigungen«, sagt die Siedler-Sprecherin.

»Was würden Sie denn mit den Arabern tun?«, frage ich.

»Ein Großteil von ihnen wird von alleine gehen, der Rest wird sich unterordnen«, sagt sie. »Unser eigentlicher Kampf richtet sich gar nicht gegen die Araber. Dieser Kampf gegen die Araber geht um Land, das ist ein materielles Ringen. Gleichzeitig führen wir aber auch einen Kampf gegen Juden, nämlich gegen solche, die glauben, ohne die Schriften leben zu können. Dies ist ein geistiges Ringen. Denn die Bibelfiguren sind gleichsam Prototypen jeder Zeit – und jedes Juden.«

Wir fahren die Hügelkette weiter, lassen Jitzhar hinter uns. Auf einem holprigen Feldweg nähern wir uns mehreren *outposts*: Wohnwagen, Fertighäuser, selbst gezimmerte Hütten. Es sind Siedlungen, die sogar von der israelischen Regierung als illegal bezeichnet werden. Wir treffen eine 19-jährige Frau, ihr Mann, sagt sie, sei 18 Jahre alt. Keine Namen, keine Fotos, das ist die Bedingung für unser Gespräch. »Wir sind noch jung, wir haben noch keine Kinder«, sagt sie. »Bis sich das ändert, leben wir nur dafür, neue Siedlungen aufzubauen.« Sie stammen, wie alle *outpost*-Leute, aus der Siedlung, die sie ausdehnen wollen.

Die Gemeinschaft als Kern und Keim, die Pioniere als Vorhut, die Außenposten als Schutzringe und Vorwärtsstrategie – so funktioniert die jüdische Expansion im Westjordanland. »Wenn zwei, drei neue Familien in einen Außenposten folgen, ist unsere Aufgabe erledigt«, erklärt die junge Frau. »Dann ziehen wir weiter und suchen einen neuen Platz.«

Ein Mann kommt uns entgegen, mit Papieren in der Hand. Kein Name, keine Fotos, sagt auch er. »Der ist von der Regierung«, sagt die junge Frau. »Die wollen uns von hier vertreiben.« Der Mann klebt einen Bescheid an eine der Hütten: Das Gelände, so steht auf dem Zettel, müsse binnen zwei Wochen abgebaut werden, andernfalls werde geräumt. Die junge Frau lächelt gelassen. »Sie können das Haus ruhig abreißen«, sagt sie. »Ein paar Wochen später bauen wir es wieder auf.«

Weiter unten am Hang blinken vier helle Grabsteine in der Sonne: Siedler aus Jitzhar, die von Palästinensern erschossen wurden. Wie ein biblischer Wegweiser steht auf einem der Hügel ein Schild, das Juden in den Boden gerammt haben. »Ein heiliger Platz«, steht darauf. »Von hier aus sehen wir die Gräber von Pinchas und Itamar, dem Enkel und dem Sohn des Hohepriesters Aaron, und von den 70 Weisen. In den Büchern steht, dass die Heiligkeit und Kraft des Gerechten ausstrahlen bis zu dem Ort, von dem aus man die Gräber sehen kann.«

Wir gehen zum Auto und fahren zurück nach Jitzhar. Michal Ben Abraham sagt: »Leute, die einen so starken Glauben haben, sind nicht zu besiegen.«

Montag, 10. November

Ich laufe von Jitzhar hinunter ins Tal. Dann weiter Richtung Süden. Autos hupen mich an, das Angebot zum Mitnehmen, sie haben israelische oder palästinensische Nummernschilder.

Am Checkpoint Tappuach stoppen israelische Busse, die in die Siedlungen fahren. Vor den überdachten Haltestellen stehen Betonbarrieren. Sie sollen verhindern, dass aus Autos auf wartende Passagiere geschossen wird.

Immer die gleiche Szenerie: jüdische Siedlungen auf den Hügeln, arabische Dörfer im Tal. Die da oben, die da unten – die ganze Landschaft wie ein Symbol. Es wird sofort klar, wer wen dominiert. Ariel Scharon, heute Israels Ministerpräsident, erklärte 1973 Winston Churchill III., dem Enkel des einstigen britischen Premierministers, seine Siedlungspolitik: »Wir werden Sandwich aus den Palästinensern machen. Wir legen einen Streifen jüdischer Siedlungen zwischen sie und dann noch einen Streifen jüdischer Siedlungen, quer durch die Westbank. Nach 25 Jahren kann das niemand mehr auseinander reißen – weder die Vereinten Nationen noch die Vereinigten Staaten.«

Kapitel 10
Träume in Trümmern
Arafats Amtssitz in Ramallah

*»Gebt nicht der Sünde eure Glieder hin als Waffen
der Ungerechtigkeit.«*
RÖMER 6, 13

So einen Amtssitz hat kein Präsident der Welt. Eine graue Mauer umfriedet das Areal, dazu ein Maschendrahtzaun und eine Stacheldrahtbarriere. Aufgeschichtete Betontrümmer und rostender Stahl ragen drinnen so weit in die Höhe, dass man sie von außen zugleich mit der palästinensischen Flagge erkennt. Kein Schild sagt mir, dass ich vor der Muqata stehe, dem Regierungsgebäude von Jassir Arafat.

Ich tippele an der Mauer entlang, um den Eingang zu finden. Auf der Westseite führt eine Straße in einen Hof mit Parkplätzen. Ein junger Bursche, offensichtlich Wächter, döst auf einem Stuhl. Er spricht kein Wort Englisch, geht aber ein Stück mit mir. Wir stehen nun vor dem Innen- und Telekommunikationsministerium, wie ein Schild verkündet. Ich nenne den Namen eines Kontaktmannes, der zur Sicherheitstruppe des Präsidenten gehört. Wir gehen in einen der Flure, in ein Büro mit hohen Papierstapeln. Ich wähne mich fast schon im Zentrum der Macht. Wir suchen jemanden, der Englisch spricht. Es wuselt von Menschen, aber keiner von ihnen kennt den Namen, den ich in die Runde werfe. Erstaunte Blicke, großes Rätselraten. Bis jemand kommt und mir bedeutet, dies sei gar nicht der richtige Eingang. Der Wächter hat sich schon davongeschlichen, und auch ich mache mich wieder auf den Weg nach draußen.

Noch eine halbe Runde um das Areal, dann bin ich am offiziellen Eingang auf der Ostseite. Drei Uniformierte mit umgehängten Gewehren und Walkie-Talkies halten hier die Stellung. Ich zeige meine Papiere auf Arabisch, ausgestellt von Abdullah Frangi, dem Leiter der Generaldelegation Palästinas in der Bundesrepublik Deutschland. Ein allgemeines Schreiben erläutert den Zweck meiner Reise, ein gesonderter Brief ist direkt an Arafat gerichtet. Die strengen Mienen werden milde, man schiebt mich durch das Tor.

Ein Mann in Zivil kommt auf mich zu und sagt, er sei zuständig für Pressetermine. Der Präsident sei sehr beschäftigt, Kabinettsgespräche, aber er werde den Brief zu lesen bekommen. Ein wenig umsehen darf ich mich aber schon. Schließlich soll alle Welt sehen, wie der greise Führer seit drei Jahren arbeiten muss.

Das Leben des Jassir Arafat könnte auch ein Buch mit tausend Seiten nicht komplett beschreiben. 1929 geboren in Jerusalem, so die offizielle Version, in Gaza oder Kairo, so andere Quellen. 1957 bis 1960 als Ingenieur in Kuwait, 1958 Mitgründer der Guerillatruppe Fatah. 1969 Führer der Palästinensischen Befreiungsorganisation (PLO). 1970 Vertreibung aus

Jordanien durch König Hussein, 1982 Vertreibung aus dem Libanon durch den Einmarsch israelischer Truppen, 1993 triumphale Rückkehr aus dem tunesischen Exil in die Palästinensergebiete. 1979 noch Gegner des Friedensvertrages zwischen Israel und Ägypten. 1994, als Folge des Oslo-Abkommens, selber Träger des Friedensnobelpreises. 1996 zum Präsidenten eines autonomen Gebietes gewählt, das völlig zersplittert ist und trotzdem stufenweise zu einem Staat heranwachsen soll. 1997 im Zentrum eines Korruptionsskandals, weil 40 Prozent seines Jahresbudgets, das fast ausschließlich aus internationalen Quellen kam, in dunkle Kanäle geflossen waren. Er wird von radikalen Palästinensern wegen seiner Verhandlungsstrategie attackiert. Und attackiert von Israel, weil er die Gewalt als Mittel zum Zweck nie ganz aus dem Spiel lässt. 2002 wurde die Muqata, der Sitz seiner Autonomiebehörde, von israelischen Sprengkommandos, Panzern und Bulldozern fast dem Erdboden gleichgemacht. Seither hat Arafat seinen Amtssitz keinen einzigen Tag mehr verlassen können. Ist dies hier das letzte Kapitel im Leben des kranken, zittrig gewordenen Mannes?

Ich gehe vorbei an den riesigen Schutthalden. Ein Haufen besteht aus zerquetschten Autos, darunter die Präsidentenlimousine. Manche Gebäudefronten sehen aus, als hätte gerade eben ein Bombenangriff stattgefunden; verbogene Stahlträger und Betonteile hängen frei in der Luft. Zwei Trakte wurden notdürftig repariert, die anderen will Arafat als Mahnmal so stehen lassen. Schier unbeirrt lächelt »Abu Ammar«, wie sein

Kämpfername lautet, auf Konterfeis an den Mauern, und Palästina-Flaggen wehen neben den Wassertanks auf den Dächern. Zwei Halbwüchsige in Camouflage-Anzügen mit Rangabzeichen tollen um mich herum. Der Eingang zu den Regierungsräumen ist mit Plastikplanen zugehängt.

Man werde mir Bescheid geben, sagt mein Begleiter. Ich verlasse die Muqata, hinterlasse meine Handynummer und setze meine Wanderung fort, Richtung Totes Meer. Weil der versprochene Rückruf nicht kommt, nerve ich tagelang von unterwegs. Der Präsident, so wird mir erklärt, habe das Empfehlungsschreiben gelesen. Er sei aber immer noch sehr beschäftigt. Dann heißt es, er gebe zurzeit eigentlich gar keine Interviews. Stattdessen empfängt mich, rund drei Wochen später, der Stabschef des Präsidenten für das Gebiet Jericho. Sami Musallam hat an der Universität Bonn promoviert und spricht hervorragend Deutsch.

Er redet über Israels Siedlungspolitik, mit der das Westjordanland so zerstückelt wurde, dass es auf der Landkarte den südafrikanischen Bantustans ähnelt, die einst unter der Apartheid als Homelands für Schwarze eingerichtet wurden. »Diese Politik hat eine Eigendynamik entwickelt«, sagt Sami Musallam. »Die Folge ist, dass Israel sich mit jeder Lösung des Konflikts schwer tut – egal, wie sie aussehen wird.« Sei der Siedlungsbau die Vorstufe zur völligen Einverleibung der besetzten Gebiete – dann werde Israel kein jüdischer Staat mehr sein. Werde aber ein unabhängiger Staat Palästina ausgerufen –

dann müssten ihn die jüdischen Siedler entweder akzeptieren oder verlassen.

Seine Hoffnung ist die Zeit. Dass die Wirtschaftskrise die Front der Falken in Israel schwächen wird. Dass das Land sich durch die Aussperrung Hunderttausender Palästinenser von ihren Arbeitsplätzen letztlich ins eigene Fleisch schneidet. Dass der Widerstand gegen die Besatzungspolitik aus den eigenen Reihen heraus wächst. In der Tat werden die jüdischen Stimmen, die ein Umdenken fordern, lauter. 27 Luftwaffenpiloten bekundeten öffentlich, dass sie nicht länger zu Angriffen bereit seien, bei denen zivile Opfer schlichtweg in Kauf genommen werden. Immer mehr Armeerekruten werden bekannt, die sich weigern, ihren Dienst in den besetzten Gebieten zu tun. Sogar der Stabschef der israelischen Streitkräfte, Generalleutnant Mosche Ja'alon bekannte, der eiserne Griff um die Palästinenser erzeuge »nur Hass, der vor unseren Augen explodieren wird«. Vier führende Geheimdienstler warnten in einer gemeinsamen Erklärung vor einer Katastrophe, wenn Israel den Sicherheitszaun fertig baue und damit praktisch alle Palästinenser zu Gefangenen mache. »Der Schlüssel liegt in der Willenskraft der Israelis«, sagt Musallam. »Sie wissen, dass sie von uns nicht loskommen.«

Er sagt nicht, dass dies umgekehrt mindestens genauso gilt. Der Staat Israel kann, rein theoretisch, auch ohne die Palästinenser bestehen. Aber ein Staat Palästina keinen Tag ohne Israel.

Mittwoch, 12. November
Seit fast sechs Wochen kein großer Anschlag mehr. Manchen Leuten wird die Stille fast schon unheimlich. Man ist so an Schreckensnachrichten gewöhnt, dass nun deren Ausbleiben höchst verdächtig wirkt. Ich lese in der Jerusalem Post, *Israels Geheimdienstchef Avi Dichter habe vor dem Kabinett gewarnt, das Land in Sicherheit zu wiegen. 14 Selbstmordattentate seien in diesen sechs Wochen verhindert worden. In zwei Fällen hätten sich die Attentäter noch vor Erreichen ihres Ziels in die Luft gesprengt.*

Kapitel 11

Der unsichtbare Feind

Eine israelische Militärpatrouille

»*Wenn ein Narr einen Stein in den Brunnen wirft, können ihn zehn Weise nicht wieder herausnehmen.*«
JÜDISCHES SPRICHWORT

Ich bin umgeben von militärischem Hightech. Es rauscht und piept und knackt aus den Funkgeräten, es wimmelt von Schaltknöpfen und Kabeln. Die Karosserie, die mich umgibt, ist schwer gepanzert, die Fenster haben schusssichere Scheiben. Ich blicke durch dichte Gitter nach draußen, sie sollen vor Steinwürfen schützen. Ich fühle mich in dem Armeeauto sicher. Nur habe ich das Gefühl, in einem Käfig zu sitzen.

Ronen Schwiki, 35 Jahre, Oberstleutnant der israelischen Streitkräfte, ist nicht gerade der Typ des kantigen Soldaten. Sein schwerer, massiger Körper füllt den Fahrersitz voll aus, der Uniformgürtel verschwindet fast in den Bauchrundungen. Schwiki ist Kommandeur des Panzerbataillons 443 im Gebiet von Ramallah, ein wichtiger und gewichtiger Mann. Dabei wirkt er gutmütig – und gibt sich alle Mühe, das Positive in seinem Job zu sehen.

Draußen ist schwarze Nacht. Ich fahre mit Schwiki und zwei Soldaten aus seiner Truppe die normale Patrouillenroute. Die Lichter des Autos, ebenfalls durch Gitter geschützt, bohren sich in das Dunkel. Ein zusätzlicher, besonders starker Scheinwerfer strahlt vom Dach in die Gegend, er kann von innen schnell nach allen Seiten gedreht werden. Die Menschen, die wir mit unseren Lichtkegeln erwischen, zucken zusammen und ducken sich. Am liebsten würden sie wohl in den Schatten der Nacht fliehen. Aber das würde sie verdächtig machen. »Wer nichts zu verbergen hat«, sagt Schwiki, »braucht sich vor uns auch nicht zu fürchten.«

»Es gibt halt solche und solche«, fährt Schwiki fort. »Vor ein paar Tagen wollten Palästinenser hier eine Demonstration gegen den Sperrzaun veranstalten. Das hätte garantiert eine Menge Arbeit für uns gegeben. Aber dann haben palästinensische Händler und Handwerker ihre eigenen Leute überredet, die Sache sein zu lassen. Sie ahnten, dass es nicht gut ausgehen würde, und schritten selber ein. Mit solchen Leuten arbeiten wir gut zusammen. Wenn wir dagegen ins Flüchtlingslager von Kalandia fahren, hagelt es regelmäßig Steine. Die Eltern der jungen Leute, die da werfen, sehen zu und tun nichts. Schon in der Schule werden die Kinder zum Hass gegen Israel erzogen. Wir brauchen nur einen Blick in deren Schulbücher zu werfen.«

Wir fahren Slalom durch Betonbarrikaden, mit denen die Armee den Straßenverkehr kanalisiert. »Jede Warnung vor einem Selbstmordattentat, die wir durch den Geheimdienst erhalten, bringt zusätzlichen Stress für meine Soldaten«, sagt der Kommandeur. Sie müssen die Menschen auf den Straßen noch härter kontrollieren als sonst. Härtere Kontrollen aber verursachen größere Animositäten, die Steine fliegen noch schneller, am Ende stehen neue Auflagen, neue Sperren. So ist der Teufelskreis der Gewalt, in den Männer wie Schwiki eingeklinkt sind, ob sie es wollen oder nicht. »Ich versuche ja, es den Palästinensern nicht unnötig schwer zu machen«, sagt der Offizier. »Aber manchmal ist das gar nicht so einfach.«

Die großen Kriege gegen die Araber – da gab es klare Fronten. Die erste Intifada – da wussten die Soldaten, aus welcher Richtung die Steine flogen. Aber diese zweite Intifada – da weiß man gar nicht mehr, wo der Feind eigentlich ist. Er verbirgt sich in den Flüchtlingscamps, die seit mehr als 50 Jahren bestehen – mit UN-Mitteln verwaltetes Elend, das offensichtlich nicht beseitigt, sondern politisch instrumentalisiert werden soll. Er verbirgt sich in Wohnungen und Moscheen, in Schulen und Universitäten, letztlich in jeder Zusammenballung von Menschen. »Es ist ein unsichtbarer Feind«, sagt Schwiki. »Wir wissen nie ganz genau, wer und wo er ist.« Er ist schwer zu fassen und daher schwer zu besiegen. Allein ihn halbwegs in Schach zu halten, erfordert eine Unmenge an Geld, Kraft, Nerven und Personal. Soll das ewig so weitergehen?

Auch Schwiki hofft auf die Zeit. Dass der zermürbende Alltag die Palästinenser gegen ihre Heißsporne aufbringen werde. »Die Menschen haben es doch längst satt«, sagt Schwiki. »Eine kleine Minderheit terrorisiert nicht nur uns, sondern auch ihre eigenen Leute. Die Selbstmordattentäter glauben, sie könnten

Checkpoint Kalandia: Ausweiskontrolle durch israelische Soldaten

uns mürbe machen. Da haben sie sich geirrt. Sie schaden nur sich und ihrer Sache.«

Wir fahren zum Checkpoint Kalandia, an der Straße von Ramallah nach Jerusalem. Tagsüber herrscht ein Chaos aus rangierenden Taxis und Bussen, für die am Kontrollposten Endstation ist. Pferdekutschen machen ein Geschäft damit, schwer beladene Passanten durch ein paar Hundert Meter Niemandsland zu einer zweiten Straßenbarriere zu bringen, hinter der dann wieder Taxen und Busse warten. Nachts sind die Warteschlangen nicht so lang. Vor allem ältere israelische Soldaten versuchen, mit einem Witz oder einem Lächeln die Situation ein wenig zu entspannen. Aber trotzdem sind die Gewehre überall, jeden Augenblick kann die Lage explodieren.

»Vor ein paar Tagen«, erzählt Schwiki, »zog eine Frau hier am Checkpoint ein Messer. Für so einen Fall lautet eigentlich der Befehl: Schießen! Stattdessen wurde die Frau überwältigt und abgeführt. Sie weinte und sagte, sie wolle doch sterben. Man habe sie mit einem Mann erwischt, durch die Tat mit dem Messer habe sie die Schande tilgen wollen. Jetzt hat sie Angst vor der Familie.« Wie viele private Dramen hat dieser Konflikt wohl schon politisch bemäntelt?

Wir drehen noch eine Runde, dann entlässt mich der Oberstleutnant in die Nacht. Alles ruhig heute, keine besonderen Vorfälle. Aber Schwiki weiß, es wird auch wieder andere Nächte geben.

Donnerstag, 13. November

Ich verlasse das Gebiet, das laut Oslo-Abkommen unter palästinensischer Verwaltung steht. Zum ersten Mal seit zwei Wochen kann ich unbefangen in der Öffentlichkeit frühstücken. Die Muslime sind im Fastenmonat Ramadan, Essen und Trinken bis fünf Uhr nachmittags verboten. Das gilt auch für Christen wie mich, zumindest in der Öffentlichkeit. Ich sitze einsam auf einem Felsen, unterhalb der Siedlung Kfar Adummim, ein Pfad windet sich hinunter ins Wadi Kelt. Mein Frühstück besteht aus Datteln und Wasser. Es schmeckt himmlisch und gibt neue Kraft. Ich werde sie brauchen, denn dieser Canyon in Richtung Jericho hat seine eigenen Gesetze.

Kapitel 12

Wächter im Laub

Das Wadi Kelt

»*Wisset ihr es nicht? Hört ihr es nicht? Ist es euch nicht von Anfang an verkündigt worden? Habt ihr die Gründung der Erde nicht begriffen?*«
JESAJA 40, 21

»Haben Sie wenigstens ein Messer?«, fragt das Mädchen. Ich zeige ihr mein kleines Schweizer Taschenmesser, mit dem ich ab und zu Orangen schäle. »Damit wollen Sie sich verteidigen?«, sagt die 14-jährige ungläubig. »Also ich nehme in diese Schlucht immer mein Gewehr mit.«

Ich habe eigentlich genug von Gewehren und hatte gehofft, einmal einen Tag ganz unbeschwert durch die Natur laufen zu können. Nun aber erzählen die Leute, die bei der Quelle Ein Fawwar wohnen, schon wieder Horrorgeschichten. Räuber trieben im Wadi Kelt ihr Unwesen, drei israelische Soldaten seien hier schon von palästinensischen Guerillas umgebracht worden, und ein schießwütiger Beduine habe einen Touristen einfach zum Spaß abgeknallt.

In der Tat ist jeder, der durch diesen Canyon läuft, ein leichtes Ziel. Von oben hat man einen ausgezeichneten Blick in die Tiefe, aus der engen Talsohle unten gibt es kein Entrinnen, die Felswände zu beiden Seiten sind steil und schroff. Im Spätherbst und Winter, wenn die Regenfälle kommen, sind schon öfter unerfahrene Wanderer ertrunken, weil der kleine, idyllische Bach sich binnen kurzer Zeit in einen reißenden Fluss verwandeln kann. Eine der Hauptregeln lautet: Nie am Grund der Schlucht übernachten!

Es ist Mitte November, eigentlich hätten die ersten Regenfälle schon einsetzen müssen. Dieses Jahr aber scheint der Sommer endlos zu dauern. Blauer Himmel, brennende Sonne, kein Wölkchen weit und breit. Ich beginne die Tour auf einem Pfad, der den Bach ständig kreuzt. Ab und zu blinkt eine Markierung auf, roter Streifen auf weißem Grund, ein Werk der israelischen Naturschutzgesellschaft. Aber dieser Weg wird seit Jahren kaum mehr begangen. Buschwerk hat ihn an vielen Stellen überwachsen. Wo der Bach gequert werden muss, verliert sich häufig der Pfad. Ich zwänge mich durch dichtes Zweig- und Blätterwerk und bekomme die ersten Kratzer.

Zwei Hunde laufen mir voraus, schlanke, kräftige Dalmatiner, einer schwarz, einer braun gefleckt. Sie sind mir bei Ein Fawwar zugelaufen. Anfangs dachte ich, sie wollten mich nur ein wenig begleiten und würden dann zu ihrem Besitzer zurückkehren. Aber bereits seit einer Stunde weichen sie nicht von meiner Seite. Sie toben durch das Wasser, jagen über Felsen und Geröll, doch nach ein paar Kurven warten sie wieder auf mich. Ich ahne, dass ich an diesem Tag in die Rolle eines Herrchens hineinwachsen werde.

Die Talsohle wird enger, der Weg am Bach entlang immer mühsamer. Ich beschließe, auf halber Höhe zu laufen, einer Art Felsterrasse. Der Blick ist hier freier und weiter, die Landschaft noch großartiger. Doch nach einer weiteren Stunde wird es auch hier zu eng. Mein Problem sind der Schlafsack und die Isomatte, die ich zusammengerollt auf meinem Rucksack trage. Mit meinem sperrigen Gepäck stoße ich ständig an Kanten und drohe dadurch das Gleichgewicht zu verlieren. Links neben mir gähnt inzwischen ein Abgrund von mehr als hundert Metern. An einer Stelle ist der Pfad so schmal, dass ich Angst vor dem nächsten Schritt habe. Den Rucksack abnehmen kommt auch nicht in Frage, das könnte mich in die Tiefe reißen. Die Markierung ist schon lange verschwunden, vermutlich habe ich mich verfranst. Die Hunde schauen mich mit großen Augen an, sie spüren meine Unsicherheit. Es hilft nichts, ich muss ein Stück zurück. Die Alternative ist: wieder ganz runter oder ganz hoch. Ich entscheide mich für das Zweite, finde zum Glück eine halbwegs kletterbare Stelle und steige mit den Hunden aus dem Canyon hinaus.

Oben am Rand verläuft ein bequemer Weg. Um mich herum ist nun die Judäische Wüste. Wie eine Oase liegt die Siedlung Ein Kelt zwischen den braun gefärbten Hügeln. Eine Horde Kinder veranstaltet ein wildes Begrüßungsgeschrei, das sich noch steigert, als ich Gummibärchen verteile, die ich für solche Anlässe immer im Rucksack trage. Einer der Frauen, die mich schweigend betrachten, schenke ich einen

Granatapfel aus meinem Proviant. Das Eis ist gebrochen. Nur die einheimischen Hunde verteidigen ihr Revier mit wüstem Geknurre und Gebell.

Von Ein Kelt aus folge ich einer antiken Wasserleitung. Sie wurde von den Römern ausgebaut, verfiel unter der muslimischen Herrschaft, wurde dann aber von den Kreuzrittern restauriert. In den Felswänden der Schlucht liegen zahlreiche Grotten, in denen früher Einsiedler hausten. Heute durchziehen das Wadi ein paar Beduinenhirten. Als wir auf die erste Schafherde stoßen, muss ich feststellen, dass meine Dalmatiner Jagdhunde sind. Im Nu fliegt ein Jungtier mit einem Doppelsalto durch die Luft und stürzt zu Boden. Ich fürchte Schlimmes und stoße Kommandoschreie aus, um die Hunde bei Fuß zu halten. Zu meiner Überraschung gehorchen sie aufs Wort – und das Lamm rappelt sich nach einer Weile wieder auf.

Von nun an muss ich meine Befehle ständig aufs Neue brüllen, pro Herde im Schnitt ein halbes Dutzend Mal. Die Beduinen erkennen mein Bemühen, ihren Besitz zu schonen. Ich grüße sie freundlich und sage, dass ich aus *Almanya* käme, aus Deutschland, mehr gibt mein Arabisch-Wortschatz leider nicht her. Sie finden das offensichtlich amüsant, lächeln freundlich und zeigen mir den Weg.

Ich raste mit meinen Hunden im spärlichen Schatten von Büschen, lasse die Füße ins Wasser baumeln, trinke das köstliche Nass. Nach fünf Stunden tauchen auf den Bergen ringsum Kreuze auf. Hinter einer Biegung klebt an einer senk-

Siedlung Ein Kelt

rechten Felswand das griechisch-orthodoxe Kloster St. Georg, gegründet im 6. Jahrhundert n. Chr., restauriert im Jahr 1901. Der Anblick lässt mir den Atem stocken. Dies, fürwahr, ist heiliges Land, den menschlichen Niederungen entrückt.

Ein Schild am Eingang verkündet auf Englisch, dass Tiere im Kloster keinen Zutritt haben. Meine Dalmatiner aber sind längst ins Innere geschossen. Ich behalte Recht mit meiner Ahnung, dass dies meinem Anliegen nicht förderlich sein wird. Ich würde nämlich gern bei den Mönchen übernachten. Der Klostervorsteher, der zur Entscheidung darüber gerufen wird, ist ein ziemlich mürrischer Mann. Er fragt nach meiner Konfession. Sie ist leider die falsche. Nur christlich-orthodoxen Gläubigen sei der Aufenthalt in diesem Konvent gestattet. Immerhin bewirtet er mich mit Orangensaft, nachdem er die Hunde aus den Klostermauern hat verscheuchen lassen. »Draußen sind schöne Schlafplätze«, sagt er. »Und Sie haben ja zwei gute Wächter dabei.«

»Die Hunde gehören mir gar nicht«, erwidere ich. »Sie sind mir zugelaufen und wollen sich nicht mehr von mir trennen. Was soll ich machen?«

»Werfen Sie ihnen einfach Steine auf die Schnauze«, lautet sein Rat, begleitet von einer handfesten Demonstration.

»Das bringe ich nicht fertig«, protestiere ich. Erst sollen sie meine Beschützer sein, und dann eine so unchristliche Behandlung?

Ich habe zwölf Nachtstunden Zeit, mir eine Lösung des Problems zu überlegen. Um fünf Uhr nachmittags wird es dunkel, da muss ich im Grunde schon in meinem Schlafsack liegen. Ich suche einen Platz knapp unterhalb der Wasserleitung, baue aus Laubblättern ein bequemes Polster, breite Isomatte und Schlafsack aus, lege mich zu einem erfrischenden Bad splitternackt in den Steinkanal. Die Dalmatiner schauen neugierig zu und schlecken kräftig Wasser.

In der Nacht habe ich die Augen geschlossen, kann aber dennoch kaum schlafen. Meine zwei Wächter, die treu an meiner Seite liegen, knurren und bellen in Abständen von höchstens einer halben Stunde. Die Gegend hier, so sagte mir einer der Mönche, sei voll von Wölfen und Hyänen, Kojoten und Schakalen. In der Tat raschelt es immer im Gebüsch, wenn meine Hunde aufspringen. Ich Undankbarer aber knobele an meiner Trennung von ihnen. Vielleicht kann ich morgen irgendwo ein paar Knochen erstehen? Dann werde ich sie vor die Hunde werfen und schnell in ein Taxi oder sonst ein Auto zum Mitfahren springen. Etwas Besseres fällt mir nicht ein.

Die Lösung, die Erlösung, kommt morgens um halb sechs. Schon in der Dämmerung mache ich mich bereit zum Aufbruch. Einer der Mönche kommt aus dem Kloster zu mir herüber. Es tut ihm offenbar Leid, dass ich nicht in dem Konvent übernachten durfte. »Lassen Sie mir die Hunde hier«, sagt er. »In unserem Garten ist genug Platz. Ab und zu kommt ja doch jemand hier bei uns vorbei. Vielleicht will einer die Tiere mitnehmen.« Wir locken die Hunde in den Garten, er bringt ihnen Futter, sie haben ja schon mehr als einen Tag nichts zu beißen gehabt. Ich stehle mich schnell, still und heimlich durch das Gartentor davon. Als es ins Schloss fällt, merken die zwei, dass sie wieder einen neuen Besitzer haben. Sie sausen ans Tor und blicken mir traurig nach. Ich schleiche mich schlechten Gewissens davon.

Freitag, 14. November

Es ist keine Freude, auf Asphalt zu laufen. Er gibt nicht nach wie natürlicher Boden, die Füße kriegen es zu spüren. Aber leider gibt es keinen besseren Weg, um zu meinem nächsten Ziel zu kommen. Die einsame Straße, der ich folge, stößt auf die von Jerusalem nach Jericho. Auf einem Parkplatz mit Panoramablick steht ein Touristenbus. Die Insassen schauen sich begeistert die Gegend an. Es sind Juden, die aus Russland ausgewandert sind. Seit dem Ende der kommunistischen Herrschaft hat Israel mehr als eine Million russische Immigranten aufgenommen. Sie bilden heute die größte »nationale« Bevölkerungsgruppe. Es gibt russische Läden, russische Zeitungen, russische Fernsehprogramme.

Die Reiseleiterin fragt, woher ich käme. Meine Antwort lautet: »Zu Fuß vom See Genezareth. Eigentlich aber aus Hamburg.« Sie schluckt, fragt dann nach dem Ziel. »Für heute Nebi Musa.« Das sind immer noch viele Asphaltkilometer. Der Fahrer tritt hinzu und winkt mich in den Bus. Dem Angebot kann ich nicht widerstehen. Da kein Sitzplatz mehr frei ist, hocke ich mich gleich hinter ihm auf den Boden des Ganges. Die Reiseleiterin verkündet auf Russisch meine Reiseroute. Ich ernte Schulterklopfen und Applaus.

Kapitel 13

Das Grab in der Wüste

Die verödete Pilgerstätte Nebi Musa

»Und Gott lässt ein Volk nicht irre gehen, nachdem er es gerecht geleitet.«
KORAN 9, 116

Mohammed Usdah freut sich über jeden Besucher. Mal ist es einer pro Tag, mal drei, selten fünf, oft kommt aber auch tagelang niemand. Ab und zu schaut ein Beduine mit einem Kamel bei ihm vorbei, ein kleiner Plausch hat in der Wüste seinen Wert. Ab und zu rauscht ein Jeep der israelischen Armee hier durch. Ansonsten aber hat der 49-jährige viel Zeit zum Lesen und Nachdenken. Woher sollen die Besucher auch kommen? Aus dem nahe gelegenen Jericho? Alle Zugänge gesperrt. Aus dem übrigen Westjordanland? Alle Zugänge gesperrt. Aus Übersee? Von dort traut sich kaum jemand hierher. Bleiben die Leute aus Jerusalem. Doch die haben andere Sorgen. So hütet Usdah still und einsam seine Pilgerstätte.

Er hat mich von der Anhöhe schon aus der Ferne gesehen. Nebi Musa, das angebliche Mosesgrab, liegt zwei Kilometer von der Straße nach Jericho entfernt. Ein herzlicher Handschlag, dann eine kostenlose Führung, endlich mal jemand, der Fragen stellt. Er geleitet mich in einen trostlosen Innenhof mit mehreren Nischen, wo eine verlassene Mülltonne steht, eine Polstergarnitur verrottet und Kabel in bizarren Schlingungen von der Decke hängen. Schilder an den Wänden künden von besseren Zeiten: »Reine Olivenölseife«, »Handgemachtes Glas aus Hebron«, »Dattelhonig aus Jericho«.

Usdah zieht mich in einen zweiten Hof. Dort deutet er auf Bodenfliesen aus bitumenhaltigem Gestein, das sich mit einem brennenden Streichholz erhitzen lässt; die Pilger, versichert mein Führer, haben früher darauf sogar gekocht. Wir ziehen die Schuhe aus und betreten einen kleinen Betsaal. Im Raum daneben steht ein riesiger, grün drapierter Sarkophag. Hier also liegt er, so will es der Volksglaube: der Prophet, den Juden, Christen und Muslime gleichermaßen verehren.

Moses, der biblische Bote mit den zehn göttlichen Geboten, hat, so die alten Schriften, das Gelobte Land zwar gesehen, aber nie betreten. Er starb laut Altem Testament auf dem Berg Nebo, im heiligen Jordanien. Doch Saladin, der große Herrscher und Sieger über die Kreuzritter, hatte im 12. Jahrhundert die Vision, dass Moses' Leichnam über den Jordan ins Gelobte Land gebracht worden sei – damit er näher bei Jerusalem, der Stadt der Städte, begraben liege. An der Stelle, die ihm im Traum bezeichnet wurde, wurde bis 1269 ein Schrein mit Moschee und Minarett errichtet. Der Mamelucken-Sultan Al-Thaher Baybars vermachte Nebi Musa das ganze Land bis zum Wadi Kelt und Jericho, dazu die Dörfer Turmus Aiya, al Masara'a, Khirbet Abu Falah und Sur Baher. In den folgenden

Mohammed Usdah, Hüter von Nebi Musa

Generationen kamen gar noch Ländereien und Dörfer aus der Region Nablus dazu. 1475 hatte die Stätte ihre heutige Form, 1820 wurde sie von den Ottomanen restauriert.

Legenden siegen meist über Fakten, besonders hier im Heiligen Land. Jedes Jahr strömten in der Woche vor Ostern Tausende Muslime nach Nebi Musa. Ulrich Jasper Seetzen, ein deutscher Archäologe, der das angebliche Mosesgrab Anfang des 19. Jahrhunderts besuchte, sprach von »einer großen Merkwürdigkeit, wozu unsere europäischen Theologen und Rabbiner die Köpfe schütteln werden«. Fünf Tage dauerte das große Pilgerfest, die religiösen Rituale wurden nach und nach ergänzt durch weltliche Musik und Gesänge, schließlich gab es auch Pferderennen. Nebi Musa wurde zu einem der populärsten Volksfeste für die Muslime. Die Pilger konnten in den Herbergshallen kostenlos übernachten, es gab sogar einen Swimmingpool. Kunsthandwerker und Kalligraphen, Maler, Schnitzer und Händler aller Art nutzten die fünf tollen Tage, um etwas unter das Volk zu bringen.

Die *mawsim*, wie die Wallfahrt hieß, zog natürlich auch Leute an, die mit den Menschenmassen ganz andere Dinge vorhatten. Der Großmufti von Jerusalem, Amin al-Husseini, stachelte die Menge 1920 und in den Jahren danach zu Demonstrationen gegen die zionistischen Einwanderer an. 1937, nach dem Ausbruch der dritten großen Aufstandswelle gegen die Juden, verbot die britische Mandatsmacht das Pilgerfest. Genau 50 Jahre später, 1987, folgten 50 000 Palästinenser einem

Aufruf ihrer religiösen Führer. Es war das Jahr, in dem die erste Intifada ausbrach, und plötzlich hatte der Name Nebi Musa wieder seine alte Faszination.

Gemäß dem Oslo-Abkommen von 1993 wurde die Stätte dem palästinensischen Religionsminister unterstellt, große Teile der Gebäude wurden restauriert. Nebi Musa wurde ein Zentrum zur Behandlung von Drogensüchtigen, die Betreiber setzten auf eine Kombination aus Gebet und schlichter Nahrung, vornehmlich Milch und Honig. Dann aber gab es Berichte, dass Patienten verprügelt und entführt worden seien, möglicherweise von Hamas-Aktivisten, die ihren »Heiligen Krieg« ja auch gegen moralische Dekadenz von Muslimen führen. Israelische Truppen räumten das Gelände, und als 2000 die zweite Intifada losbrach, war es mit dem Volksfest endgültig wieder aus.

Eine abgemagerte Katze streicht mir um die Beine. Ein Beduinenjunge kommt vorbei, hört arabische Hits aus einem Transistorradio. Sein Esel, mit Wasserkanistern beladen, steht draußen in der Sonne. Ein Kamel, das offenbar niemandem gehört, knabbert an verdorrten Palmwedeln. Usdah schaut gleichmütig hinaus ins leere Land. »Was hilft es zu jammern«, sagt er seufzend. »Allah wird es schon wieder richten.« Er harkt ein wenig in dem kleinen Gärtchen, das er vor dem Eingang angelegt hat. Klaubt eine Cola-Dose und Plastikmüll aus den Beeten. Wenigstens den Pflanzen kann er noch etwas Gutes tun.

Samstag, 15. November
Nach Jericho darf ich nicht hinein. »Tut mir Leid, Sie brauchen dafür eine Sondergenehmigung«, sagt der Soldat am Checkpoint. Kein Mensch hat mir vorher etwas davon gesagt. »Oder Sie müssen ein paar Stunden warten, bis wir die Genehmigung haben.« Ich danke und kehre um. Ich habe keine Lust, an Kontrollposten sinnlose Diskussionen zu führen.
Ich lenke meine Schritte geradewegs zum Toten Meer.
Bei Kalia gibt es einen Strand und Sonnenschirme, Souvenirläden und ein Restaurant. Ich streife hastig meine schweißgetränkten Klamotten ab und schlüpfe in die Badehose. Die ersehnte Premiere im salzreichsten Gewässer der Welt. Der Wasserspiegel liegt fast 400 Meter unter dem des Mittelmeeres, der Salzgehalt bei 25 Prozent, das ist fünfmal mehr als in den Ozeanen. Nach ein paar Sekunden weiß ich, wie viele Schrammen ich am Körper habe. Es brennt an allen Gliedern wie Hölle.

Kapitel 14
Warten auf den Messias
Die Höhlen von Qumran

»*In der Wüste bahnet den Weg ... macht gerade in der Steppe eine Straße unserem Gott.*«
JOSUA 40, 3

Einst war hier nicht nur ein Totes Meer, sondern auch totes Land. Eine Felsbarriere, gespickt mit Höhlen. Davor ödes Land, versengt durch die Sonnenglut des Sommers. Dahinter die unwirtliche Wüste. Menschen, die hier lebten, mussten besondere Kräfte haben – im Körper, aber erst recht in der Seele.

Die Essener waren eine jüdische Religionsgruppe, die weit über die Welt hinaus dachte. Sie stießen sich an den macchiavellistischen Intrigen, mit denen die regierenden Makkabäer, meist Hasmonäer genannt, sich im 1. Jahrhundert v. Chr. an der Macht hielten. Die Hasmonäer konnten sich zwar durch ihren siegreichen Befreiungskampf gegen die Seleukiden, nicht aber durch eine Abstammung von einem Hohenpriester legitimieren. Die Essener wollten dem göttlichen und nur dem göttlichen Gesetz gehorchen. So zogen sie aus Jerusalem hinaus in die Wildnis, um den menschlichen Niederungen zu entsagen. In Qumran warteten sie auf die letzte, apokalyptische Schlacht zwischen Gut und Böse, zwischen den »Söhnen des Lichtes«

und den »Söhnen der Finsternis«. An deren Ende, davon waren sie überzeugt, würden die Gerechten über die Schlechten siegen. Dann, aber erst dann, könnten sie nach Jerusalem zurück. Denn das Recht, den großen Tempel zu betreten, hatten nach ihrer Lehre nur die einzig wahren Gottesdiener.

Ich streife an den Höhlen entlang, in denen die Essener lebten. Sehe Ruinen von rituellen Badehäusern, Töpferwerkstätten und kunstvoll angelegten Wasserleitungen. Es sind die spärlichen Reste der Klosteranlage, in der sie gemeinsam aßen und nach den ewigen Wahrheiten suchten. Sie badeten täglich, um sich zu läutern, und unterzogen jedes neue Mitglied ihrer Gemeinschaft einer Art Taufe, um es rituell zu reinigen. So strebten sie nach Erlösung von der Sünde. Was sie auf Lederbögen schrieben, spiegelt die aufgewühlte Zeit 50 v. Chr. bis 50 n. Chr. Sie hatten wohl keinen Kontakt zu Jesus und seinen Anhängern, die sich in Galiläa, viel weiter im Norden des Heiligen Landes, formierten. Dennoch ähnelten ihre Riten und Glaubensvorstellungen, ihre Messias-Erwartung und ihr Bild von der Gemeinde als Gottesreich verblüffend dem Leben, das die christlichen Urkirchen prägten.

Qumran ist auch heute noch ein Platz, zu dem Menschen der Welt entfliehen. Hierher kommen Pilgergruppen, die sich durch die Nachrichtenlage nicht abschrecken lassen. Sie finden moderne Bungalows vor, die der gleichnamige Kibbuz errichtet hat, dazu ein Schnellrestaurant und einen Laden, in dem sie Schlamm- und Mineralseifen, viele andere Schönheits- und

Wellness-Artikel sowie das kostbare Salz des Toten Meeres kaufen können. In Qumran aber steht das Shopping nicht im Vordergrund. Was die Menschen hier suchen, ist nicht käuflich zu erwerben.

Ich sehe Franzosen und Italiener, Amerikaner und Koreaner. Auch eine Gruppe aus deutschen Pfingstgemeinden ist da, geführt von Gerhard Heinzmann, dem Bundesvorsitzenden der Partei Bibeltreuer Christen. Es sei wohl kein Zufall, sagt er, dass die ersten Schriften von Qumran 1947 gefunden wurden – genau zu dem Zeitpunkt, da sich die Gründung des Staates Israel anbahnte. Qumran war damals arabisches Land, es gehörte bis zum Sechstagekrieg 1967 zu Jordanien. »Gottes Wort siegt!«, predigt er, das gelte nicht nur für die Vergangenheit, sondern auch für die Zukunft. »Himmel und Erde werden vergehen, deine Worte aber nicht vergehen«, ruft jemand aus der Menge. Pilger sind keine Zweifler, sie bringen ihre Gewissheiten schon mit, und im Heiligen Land werden sie bestätigt. »Wir danken dir, Herr«, betet Heinzmann am Ende der Führung, »dass dein Wort sich als wahr erwiesen hat, dass unser Glauben auf festem Grund steht. Herr, du kannst noch viel mehr ans Licht bringen. Gepriesen seist du, Amen.«

Heinzmann und seine Leute sind im gepanzerten Bus zu den jüdischen Siedlern von Kedummim und Elon Moreh gefahren. »Wir wollen zeigen«, sagt er, »dass wir an der Seite Israels stehen.« Nach Qumran kommt er mit den Pilgern vor allem deswegen, weil hier in Höhle eins die besterhaltene aller Schriftrollen entdeckt wurde: die große Jesaja-Rolle, alle 66 Kapitel des Buchs Jesaja, eine Abschrift auf Leder, voll von messianischen Prophezeiungen.

Mohammed adh-Dhib, ein Junge vom Beduinenstamm der Ta'amira, kletterte 1947 über die Felsen und warf gedankenlos einen Stein in einen Spalt. Zu seiner Überraschung hörte er das Scheppern von Steingut. Er stieg in die Höhle hinab und fand dort große Tonkrüge – und darin, eingewickelt in übel riechende Leinentücher, die alten Schriftrollen. Von nun an jagte zehn Jahre lang ein Fund den anderen, Hunderte von Schriftrollen wurden entdeckt, es wird noch Jahrzehnte dauern, bis die Forscher deren Bedeutung in ihrer ganzen Tragweite entschlüsselt haben. Die heiß diskutierten Fragmente sind heute über die ganze Welt verstreut, die wertvollsten Teile liegen im »Schrein des Buches«, einem Teil des Israel-Museums in Jerusalem, und im Historischen Museum der jordanischen Hauptstadt Amman.

Ich steige mit Conny Barghoorn über die Felsen. Sie ist Jahrgang 1958, geboren in Mönchengladbach, und kam mit 23 Jahren nach Israel. Das Leben im Kibbuz faszinierte sie wie viele junge Deutsche, die ein Leben in der Gemeinschaft suchten. Sie konvertierte zum Judentum, wurde bald israelische Staatsbürgerin, ist heute verantwortlich für die Öffentlichkeitsarbeit des Touristenzentrums Qumran. Ihre Augen, sagt sie, gleiten immer wieder aufs Neue über die Silhouetten der Berge, die sich hinter dem Ort erheben. »Sieht das dort nicht aus wie ein Menschenkopf? Und das dort wie ein Löwe? Und das dort – vielleicht ein Krokodil? Wenn Sie hier Ihrer Fantasie freien Lauf lassen, ist in den Felsen ungeheuer viel zu erkennen.«

Conny Barghoorn hat die Steingesichter immer wieder fotografiert. »Ich habe gelernt, dahinter zu schauen«, sagt sie. »Ich bin sicher, dass man nicht alles mit der Wissenschaft beweisen kann. Es wird einfach angenommen, dass Jesus mit Händen geheilt hat. Die Essener heilten ebenfalls durch Handauflegen. Warum, fragte ich mich lange, kann das heute keiner?« So näherte sie sich erst den Essenern und dann dem Reiki, der alten japanischen Heilkunst. »Die beiden Methoden sind sich sehr ähnlich: Heilen durch Handauflegen, das Bewusstsein der göttlichen Energie und der Glaube an die Kraft der Gedanken – und damit auch an Fernheilung.«

Qumran ist ein Magnet für Forscher und Pilger, für Träumer und Esoteriker, für fromme Juden, messianische Christen und christliche Zionisten. Es gibt einen Einblick in die Radikalität, mit der Juden ihre Religion leben können. Aus diesen biblischen Tiefen schöpfen viele noch heute. Zum Beispiel diejenigen Juden, die gar keinen Staat Israel wollen – weil das Reich der Erlösung nur der Messias selber gründen darf.

Sonntag, 16. November

Eine Nacht lang will ich leben wie die Essener. Wenigstens diese eine Nacht. Ich warte, bis das Tor zum Nationalpark geschlossen wird, dann stehle ich mich hinauf in die Felsen. Suche eine Grotte mit einem Liegeplatz. Ich finde eine Nische für meinen Schlafsack, mit Kieselsteinen davor.

Das Bett wird nicht so weich wie das aus Laub. Aber die mystischen Stunden lassen das alles vergessen.

Ein sanfter Wind streichelt meine Haut. Es ist Vollmond. Langsam steigt das helle Rund hinter einer Scharte hoch. Meine Blicke gleiten die gezackten Grate des Wüstengebirges hinauf, die sich matt schimmernd dahinziehen, bis sie dann doch im Dunkel verschwinden. Ein Adler schwingt dicht an mir vorbei, ich spüre den Luftzug. Die Stille wirkt so feierlich, als wäre die Erde gerade erschaffen worden. Plötzlich beginnt, es muss weit oben sein, ein helles, grelles, fast weinerliches Geschrei. Ich habe so etwas noch nie gehört, es müssen Hyänen sein. Gleich darauf fallen andere Hyänen in die Melodie ein. Auf allen Kämmen rings um mein Nachtlager scheinen sie sich versammelt zu haben. Es ist ein schaurig schöner Choral: immer ein Tier voran, dann setzen andere ein. Ein paar Minuten später ist wieder völlige Stille. Diesmal mache ich den größten Teil der Nacht nicht einmal die Augen zu.

Kapitel 15
Der Fluch der Geschichte
Die jüdische Festung Massada

*»Der Zorn des Herrn wird nicht nachlassen, bis er die
Gedanken seines Herzens vollbracht und ausgeführt hat.«*
JEREMIAS 23, 20

Diesen Ort zu ersteigen ist schon eine mühsame Sache. Die meisten Besucher scheuen den steilen Pfad, der sich im Osten von der Ebene am Toten Meer in Serpentinen hinaufwindet. Sie nehmen lieber die Seilbahn, Talstation auf minus 257 Metern, Bergstation auf plus 33 Metern. Und sind in drei Minuten oben. Was aber muss es bedeutet haben, diesen Ort zu erobern? Die Römer brauchten dafür zwei Jahre.

Wie ein gigantischer Klotz steigt das Felsplateau von Massada aus der Judäischen Wüste in die Höhe. Als hätte eine höhere Macht hier eine Bühne für die Aufführung des Schicksalskampfes gebaut. Luftaufnahmen, die ich mir angesehen habe, lassen die Dramatik des Geschehens in besonders eindrucksvoller Weise ahnen. Ich zwinge mich, während des Aufstiegs nicht nach unten zu schauen. Oben angekommen, sehe ich ringsum nur Sonne und Wüste, bis zum Horizont. Es ist, als wollte Gott mit dieser Landschaft ein ewiges Zeichen seiner Kraft setzen.

Die Hasmonäer suchten sich zur Sicherung ihrer Herrschaft in der Wüste acht besondere Plätze aus. Nach der Vertreibung der Seleukiden und der Wiederherstellung des jüdischen Staates 141 v. Chr. errichteten sie Festungen zur Sicherung ihrer Macht. Aufstände, so die Erfahrung, brachen in der Hauptstadt meist aus, wenn der Regent abwesend war. Die Zitadellen sollten ihm die Chance geben, sich zunächst an einen sicheren Ort zurückzuziehen, dort seine Truppen neu zu sammeln und dann die Rebellion gezielt niederzuschlagen. Die Festungen lagen auf hoch ragenden Felsen, hatten Wasserleitungen sowie große Vorratsräume für Nahrungsmittel und Waffen.

Massada, 600 Meter lang und 300 Meter breit, ist der großartigste dieser Plätze. Nach der erneuten Zerschlagung des Judenreichs 63 v. Chr. durch die Römer ließ der bauwütige König Herodes 36 bis 30 v. Chr. auf der West- und Nordseite riesige Palastgebäude für sich und seine Familie errichten. Der Nordpalast, auf drei Felsterrassen mit jeweils 30 Meter Höhenunterschied, wurde einer der prächtigsten seiner Zeit. Knapp ein Jahrhundert lang erstrahlte Massada in architektonischem Glanz. Dann tobte hier die Schlacht, die Geschichte machen sollte.

Ich laufe an der Kasemattenmauer entlang, hier wurden Wurfsteine zur Verteidigung gefunden. Ich schlendere durch Korridore, sie verbanden die Warenlager miteinander. Schwarze Linien markieren die Grenze zwischen Originalgestein und restaurierten Ruinen. Ich komme zum großen Badehaus, im römischen Stil gebaut, die Böden waren einst mit Mosaiken, Fresken und farbigen Fliesen geschmückt. Ich gehe weiter zu einer Synagoge, einer in die Mauer hineingebauten Halle mit Sitzbänken an den Wänden. In der Nordwestecke wurden Fragmente aus dem 5. Buch Mose und dem Buch Ezekiel gefunden, ein Stück weiter außerdem Papyrusrollen,

Arabische Arbeitskräfte auf Massada

beschriftete Tonscherben, Münzen und Matten, Pfeile und ein Gebetsschal.

Die Festung, zum Schutz vor Rebellen gebaut, wurde eine Festung für Rebellen. Im Jahr 66 n. Chr. erhoben sich die Juden gegen die römischen Besatzer. Vier Jahre später zerstörte der Feldherr und spätere Kaiser Titus den Zweiten Tempel in Jerusalem, der Aufstand wurde niedergeschlagen. Die letzten 967 Rebellen, radikale Zeloten, zogen sich nach Massada zurück. Dort trotzten sie zwei Jahre der Legion X Fretensis, einer Übermacht von 15 000 Soldaten – der Mythos Massada war geboren. Jedes israelische Kind lernt heute die Heldengeschichte in der Schule, und Tausende israelische Soldaten haben hier schon ihren Eid geschworen: »Massada darf nie wieder fallen!«

Der Wind wird stärker und stärker. Kleine Kieselsteine und Schwaden von Staub wirbeln über die Ruinen. Die Luft färbt sich graubraun. Ich ziehe meine Schirmmütze fester, senke den Kopf und kämpfe mich zu der Stelle vor, wo das Los der Verteidiger besiegelt wurde. Der Historiker Flavius Josephus beschreibt die dramatische Endphase. Am oberen Ende der 100 Meter hohen Rampe, die von Westen her zum Eingang führt, hatten die Römer eine 25 Meter hohe Plattform gebaut. Hier errichteten sie einen mit Eisen gepanzerten Holzturm von 30 Meter Höhe. Von ihm aus schossen die Römer die Festung sturmreif, durchstießen die Mauer mit einem riesigen Rammbolzen. Sie standen vor einer zweiten Barriere, der letzten Verteidigungslinie.

In ihrer Verzweiflung hatten die Juden Holzdecken aus den Palästen und anderen Bauten gerissen, daraus eine Verschalung gebaut und den Hohlraum mit Erde gefüllt. Die Römer setzten die Barrikade in Brand. Zuerst wehte der Wind aus Norden und damit die Flammen ihnen genau ins Gesicht. Dann aber drehte er, wie aus göttlicher Vorsehung, plötzlich auf Süd – die Juden wussten, dass damit endgültig das Ende ihrer Freiheit gekommen war.

Ihr Führer Elasar Ben-Jair sammelte die Getreuen um sich. »In meinen Augen würdigt uns Gott einer besonderen Gnade«, sprach er. »Er lässt uns ruhmreich in Freiheit das Leben beenden, was andere nicht durften, wenn sie ihnen wider alles Hoffen unterlagen. Uns ist es heute schon klar, dass wir uns morgen in der Macht des Feindes befinden. Aber noch können wir uns frei dafür entscheiden, mit unseren Liebsten eines ruhmvollen Todes zu sterben.« Er rief dazu auf, alle Habe und die ganze Festung in Feuer aufgehen zu lassen und dann gemeinsam Selbstmord zu begehen, um den Römern nicht lebend in die Hände zu fallen. »Einzig die Nahrung wollen wir ihnen noch lassen. Nach unserem Hinscheiden soll sie ihnen bezeugen, dass wir nicht dem Hunger zum Opfer fielen, sondern entschlossen von Anfang an den Tod der Knechtschaft vorzogen.«

Die Väter töteten ihre Frauen und Kinder. Das Los bestimmte zehn Männer, die dann die anderen Männer umzubringen hatten. Ein zweites Los bestimmte den Letzten, der die verbleibenden Neun zu töten hatte. Am Ende stieß er sich selber das Schwert in die Brust. Die Scherben, die als Lose dienten, wurden knapp zwei Jahrtausende später bei den Ausgrabungen des Archäologen Jigal Jadin gefunden.

Der heulende Wind hat sich zu einem regelrechten Staubsturm entwickelt. Hustend und prustend stolpere ich durch die Böen, suche Deckung hinter einer Mauerruine. Ich lege mich flach auf den Rücken und warte darauf, dass das Tosen nachlässt.

Ich grübele über die Symbolik des Wetters, über die Vergangenheit und Gegenwart der Juden. Jahrtausende haben sie Verfolgung erlitten, durch die Assyrer, Seleukiden und Römer, durch christliche Kreuzfahrer, Inquisiteure und Pöbelbanden, durch zaristische und kommunistische Russen, durch Hitlers Holocaust, den grausigen Höhepunkt aller Pogrome. Ist Stärke, die aus Katastrophen wächst, ein neuer Fluch? Israel ist seinen Nachbarn nicht nur wirtschaftlich und militärisch überlegen, sondern auch in seiner politischen Kultur. In keinem arabischen Land wird so erbittert und so frei über eine Lösung des Nahostkonflikts gestritten. Aber 59 Prozent der EU-Bürger, gar 65 Prozent in Deutschland, halten laut einer von der EU-Kommission veranlassten Umfrage, Israel für das Land, das den Weltfrieden am meisten gefährdet. Ist das schlicht ungerecht? Oder ein Erbe der Geschichte, aus dem es kein Entrinnen gibt?

Jahrtausendelang sind Juden es gewohnt gewesen, dass ihnen der Wind ins Gesicht bläst. Dass sie sich einbunkern und flüchten mussten, um ihren Glauben, ihre Kultur, ihre Identität zu verteidigen. Sie haben stets mehr Feinde als Freunde gehabt. Das Judentum ist defensiv, es gibt so gut wie keine Missionare. Ist die historische Folge ein mentales Massada? Ist all das der Grund, weshalb der Staat Israel sich nicht mehr groß darum schert, was die Welt von ihm denkt? Ein Soldat am Checkpoint Jericho sagte mir bei einem kurzen Plausch: »Ihr in Europa werdet nie verstehen, was hier geschieht. Ihr habt einen weltlichen, wir einen religiösen Staat.«

Der Wind, der mir ins Gesicht bläst, wird zum Glück ein wenig schwächer. Ich schüttele den Staub aus den Kleidern und mache mich auf den Rückweg. Die Flagge mit dem Davidstern, die über den Ruinen weht, klatscht wie zum Trotz laut gegen die Metallstange. Ich schwebe mit der Seilbahn nach unten, der Blick ist wieder frei bis hinüber nach Jordanien. Der Massada-Prospekt, den ich bekommen habe, enthält eine Karte aller Nationalparks und Naturschutzgebiete. Die Grüne Linie, die Grenze des Westjordanlands vor der Besetzung durch Israel 1967, ist darin nicht einmal mehr eingezeichnet.

Montag, 17. November

Ich fahre mit dem Bus zurück nach Ein Gedi. Ein schmucker Kibbuz, der aus einem nackten, öden Hügel wuchs. Heute ein Ferienort, der mehr als 75 Prozent seiner Einnahmen aus dem Tourismus erzielt. Er hat einen Botanischen Garten mit 900 Pflanzenarten. Schwefelbäder mit 38 Grad warmem Wasser aus mineralreichen Quellen. Und schwarzen Heilschlamm. Das Wasser des Toten Meeres enthält Kalium und Magnesium, Brom, Chlor und Natron, insgesamt 21 Mineralien; ein Bad darin reinigt die äußere Hautschicht, erneuert die Hautzellen, regt den Blutkreislauf an. Ich lasse mich zwei Tage lang von der Natur verwöhnen. Dann mache ich mich auf zu meiner Wüstendurchquerung.

Kapitel 16

»Nicht tot..., nicht tot...«

Die Judäische Wüste

*»Das Herz begreift, was das Auge nicht sieht
und das Ohr nicht hört.«*
NOAM HA-MIDOT, SAMMLUNG VON SCHRIFTEN DER JÜDISCHEN WEISEN

Der Abschied von Ein Gedi fällt schwer. Der Ort blinkt wie ein grüner Juwel in der kargen Landschaft, eine Oase auf Terrassen zwischen Bergen und Totem Meer: Dattel- und Mangoplantagen, Weintrauben und Gewürzkräuter, Topfpflanzen in Treibhäusern, dazu der Ferienpark mit Swimmingpool, Strand- und Schwefelbad. An acht verschiedenen Stellen wurden hier Zeugnisse aus biblischer Zeit gefunden: Spiegel und Schmuck, Hausrat und Wollknäuel, Schlüssel und Kleidungsstücke, Sandalen, Messer und Glasarbeiten, dazu 15 Briefe des jüdischen Rebellen Ben Kochbar aus der Zeit des zweiten Aufstandes gegen die Römer. Die Pioniere von 1956, die diesen Kibbuz gründeten, waren im Westen, Norden und Osten von jordanischem Feindesland umgeben und nur durch eine buckelige, unbefestigte Straße mit dem restlichen Israel verbunden. Erst nach dem Sechstagekrieg war der Weg nach Jerusalem frei, 1969 wurde eine Asphaltstraße gebaut. Seither blühte dieser Ort auf – im wörtlichen wie auch übertragenen Sinn.

Im Dämmerlicht bin ich wieder auf den Beinen. Um halb sechs steige ich von Ein Gedi hoch zum Berg Srujah. Die ersten Stunden des Tages sind die kühlsten und daher die besten zum Laufen. Zu meiner Überraschung sehe ich vor mir auf dem Pfad zwei Männer. Beide, so glaube ich zu erkennen, tragen Gewehre. Soldaten? Jäger? Oder gehört das hier zur Standardausrüstung eines Wanderers?

Beim gestrigen Abendbüffet im Restaurant des Gästehauses warnte mich die Kassiererin, die sich als Polizistin entpuppte. Das Gebiet, so sagte sie, sei unsicher. Ich müsse wissen, dass ich dort auf mich allein gestellt sei und im Notfall keine schnelle Hilfe erwarten dürfe. Wir tauschten unsere Handynummern aus, und ich versprach, mich bei ihr zu melden, sobald ich heil durch sei. Es wird also, nach zwei Tagen süßen Lebens, wieder ernst.

Ich will zurück ins Westjordanland, nach Hebron, der bizarrsten aller Konfliktstätten. 500 Juden leben dort in einer Art Keil, der in die Stadt mit ihren 130 000 palästinensischen Einwohnern getrieben wurde. Eine direkte Straße vom Toten Meer dorthin gibt es nicht. Mein ursprünglicher Plan war, die etwa 50 Kilometer durch die Wüste in zwei oder drei Tagen zu laufen und im Freien zu übernachten. Ich will auch in Judäa, wie diese Region in Israel heißt, auf den Spuren der Bibel wandeln. Laut Altem Testament hielt König David sich vor seiner Krönung mit Söldnerscharen in diesem Gebiet versteckt, weil sein eifersüchtiger Schwiegervater Saul ihn verfolgte.

Ich habe in Massada den Beduinen Junis Abu Hammad kennen gelernt. Er war bereit, mich als Führer zu begleiten. Nun aber ist mein Plan am Fastenmonat Ramadan gescheitert. Junis darf als gläubiger Muslim den ganzen Tag über keinen Tropfen trinken. Acht bis zehn Stunden laufen und kein Wasser auf den Lippen – das hält selbst ein Sohn der Wüste nicht durch.

Wir wollen daher den Großteil der Strecke im Jeep zurücklegen. Junis, der auf israelischem Gebiet in der Nähe von Arad wohnt, wird mir mit dem Auto entgegenkommen. Ich will vom Toten Meer aus über die Bergkette in die Wüste hinein. Als es noch keine Handys gab, wäre eine solche Verabredung ein gewagtes Spiel gewesen, denn in der Wüste gibt es keine erkennbaren Wege, sondern nur Pisten- und Reifenspuren. So aber sind wir sicher, dass wir uns irgendwie finden werden.

Die zwei Männer mit den Gewehren sind meinen Blicken entschwunden. Ein schon halb verrostetes Schild am Weg ist die letzte Warnung. Dann bin ich allein auf den Serpentinen. Ich habe viel Wasser im Rucksack, denn hier gibt es keine Bäche oder Aquädukte, nichts. Das Gepäck zieht wie ein Mühlstein auf dem Rücken nach unten. Aber nach gut eineinhalb Stunden bin ich trotzdem oben. Meine Karte gibt die Höhe der umliegenden Gipfel mit minus zehn und minus 18 Metern an. Daran muss man sich erst mal gewöhnen.

Die Wanderer, die ich beim Aufbruch gesehen habe, machen gerade Gipfelrast. Es sind israelische Soldaten, aber sie tragen keine Uniformen. Sie haben Urlaub und nutzen einen der freien Tage zu einem Ausflug. Einer reicht mir sein M16, damit ich die Qualität des Zielfernrohrs testen kann. »Die Waffen haben wir immer dabei«, sagen sie. »Sie machen das Laufen zwar nicht leichter. Aber man gewöhnt sich an alles.« Sie bieten an, mich zu eskortieren, ich habe jedoch einen anderen Weg als sie. Dennoch teilen wir ein paar Orangen und das atemraubende Panorama: endlose Hügel aus Fels und Geröll, durchschnitten von dunklen Wadis, im Osten tief unten das Tote Meer, ein dunkelblauer Fremdkörper in dieser scheinbar leblosen Ödnis.

Das Handynetz reicht kaum in die Wüste hinein. Meine Versuche, eine Verbindung zu Junis zu bekommen, scheitern zunächst. Er kommt offenbar auch nicht zu mir durch. Ist etwas dazwischen gekommen? Ich versuche, Junis ein Stück entgegen zu laufen, doch schon bald verzweigt sich mein Weg in eine verwirrende Fülle von Pfaden. Hier sind zehnmal mehr Routen, als meine topographische Karte ausweist. Nein, ohne genaue Ortskenntnis hat das keinen Sinn. Es bleibt nur das Warten an dem Berg, den wir ausgemacht haben.

Nach einer Stunde kommt ein Anruf von Junis. Die Verbindung ist miserabel. Erst nach mehreren Versuchen haben wir eine halbwegs klare Vorstellung von der Position des anderen. Ich steige auf den höchsten Punkt, da sehe ich eine Staubwolke. Ich winke mit beiden Armen. Das Auto kommt nun auf mich zu. Ich atme auf. Wenn dies hier schief gegangen wäre, hätte ich wieder nach Ein Gedi absteigen müssen und meine Wanderung wäre mit einem Schlag zu Ende gewesen.

Junis, 55 Jahre alt, strahlt und heißt mich willkommen, als wäre ich bei ihm zu Hause. 30 Jahre seines Lebens ist er als Hirtenjunge durch diese Gegend gezogen, heute hat er einen Führerausweis des israelischen Tourismusministeriums. Ich spüre, wie er in der Wüste auflebt – und gleichzeitig die Wüste mit ihm. Sein geübtes Auge erspäht Dinge, über die ich ahnungslos hinweggetrampelt bin. Aus Geröll klaubt er Keramikscheiben und 20 bis 30 Millionen Jahre alte Steine heraus, die Salz und Teer enthalten. Unter König Herodes, sagt er, sei dieses Material bis nach Ägypten transportiert worden, wo man daraus Pech zum Bestreichen von Booten hergestellt habe.

Mit jeder Minute wird Junis lebendiger. Er stochert mit einem Stecken in dem staubtrockenen Boden und legt eine stachelige Pflanze frei. »Nicht tot«, sagt er und holt gut geschützte Samen heraus. »So verbreitet sich Wüstenvegetation.« Der Beduine spricht ein erfrischendes Gemisch aus deutschen und englischen Brocken. Er hat nicht nur das Alte Testament dabei, sondern auch ein Pflanzenlexikon, schon ziemlich zerfleddert vom häufigen Gebrauch. Ich kann mir den wissenschaftlichen Namen auf Lateinisch notieren: *Blepharis ciliaris*. Eine deutsche Bezeichnung dafür findet sich in den Lexika nicht.

»Nicht tot«, sagt Junis schon wieder und winkt mich zu einer anderen Stelle. Neben Hyänenspuren hat er eine fünf Zentimeter hohe Wüstenpflanze entdeckt, die mit unseren Astern verwandt ist. Ihre Blütenköpfchen trocknen schon bald nach dem Abblühen ein. Doch Monate später, wenn es wieder regnet, quillt das Gewebe der toten Pflanze erneut auf, und die Samen werden zur Keimung herausgeschleudert. Junis demonstriert das Phänomen, in dem er ein wenig Wasser aus seiner Flasche darüber gießt. Die hüllenden Blätter, von denen die Samen in der Trockenzeit geschützt waren, breiten sich sternförmig aus – es sieht aus, als blühe die Pflanze erneut. Wir blättern im Lexikon: *Asteriscus pygmaeus* heißt dieses Wunderwesen, auf Deutsch wird es Auferstehungspflanze genannt.

»Nicht tot«, sagt Junis und gräbt ein neues Gewächs aus. Es blüht nur im Frühwinter, dann fallen die Blätter ab, die Pflanze bleibt das ganze Jahr nackt und dürr. Ihre Spaltöffnungen, durch die sie Regen aufnimmt, verlaufen sich wie Kanäle ins Innere, so wird das Wasser vor Verdunstung geschützt. Je weniger Oberfläche, so das Überlebensgeheimnis der Wüstenpflanzen, desto geringer die Verdunstung. *Retama raetam* lautet ihr Name, einen deutschen Namen gibt es nicht.

»Nicht tot«, wird zum Motto unserer Fahrt durch die Wüste. Einsiedler und biblische Propheten haben hier überlebt. Jesus hat sich hierher zurückgezogen, um zu meditieren. Rebellen wie die Hasmonäer zettelten von hier aus ihre Aufstände an. Wir sehen einen einsamen Reiter und eine Herde von Kamelen, die uns mit gleichmütigen Blicken verfolgen. Dann sieht Junis vom Steuer aus wieder etwas, das er mir zeigen will. Er springt mit seiner Wasserflasche aus dem Wagen, kniet an einer Kaktusart nieder und lässt es tröpfeln. Es dauert nicht mehr als zehn Sekunden, und die Pflanze entfaltet sich wie durch Gottes Wink. Schwarze Samen werden sichtbar, der Wind wird sie verteilen, das Leben weitergehen. Wir haben es mit der Familie *Mesembryanthenum nodiflorum* zu tun, bei uns als Knotenblütige Mittagsblume bekannt.

Vor lauter botanischen Wundern vergesse ich die menschlichen Händel, die um diese Wüste herum toben. Erst nach vielen Stunden, als es allmählich dunkel wird, holt uns die Gegenwart ein. Wir haben die Wüste hinter uns, bei der jüdischen Siedlung Karmel gelangen wir auf das erste Stück Asphaltstraße. Alle seitlichen Einmündungen, und seien es auch nur drittklassige Feldwege, sind durch Felsbrocken oder Erdwälle blockiert. Autos mit israelischen Kennzeichen sind hier immer wieder aus palästinensischen Autos heraus unter Feuer genommen worden, die Täter flüchteten dann über die Fluren und tauchten in nahe gelegenen arabischen Dörfern unter. Die Sperren, von der israelischen Armee errichtet, sollen solche Anschläge verhindern. Sie hindern freilich auch unschuldige Autofahrer daran, ans Ziel zu kommen. Manche Palästinenser schaffen es, eine Felsenbarrikade beiseite zu räumen oder einen Erdwall zu durchbrechen. Dann ist für ein paar Tage freie Fahrt, ehe die Militärs das Hindernis wieder aufbauen. »Das ist ein täglicher Kleinkrieg«, sagt Junis, mehr nicht. Mit einem Male ist er ziemlich wortkarg geworden. Dies hier ist eine andere Welt. Hier ist der Feind nicht die Natur, sondern der Mensch.

Freitag, 21. November

Junis brachte mich zur jüdischen Siedlung Susiya, wo er Freunde hat. Am Morgen holt mich Israel Margolin ab, eingewandert aus den USA. Er führt mich zu antiken Ruinen. »Susiya war eine uralte jüdische Stadt«, sagt Margolin. »10000 Menschen lebten hier vom 3. bis 9. Jahrhundert.« Wir setzen uns auf Mauerruinen. »Die Bibel ist das Fundament unseres Lebens hier«, sagt er. »Das Land Israel wurde den Juden gegeben, keinem anderen Volk. Es ist das einzige Land der Welt, das Menschen von Gott gegeben wurde.« Die Ruinen wurden 1970 entdeckt, die Siedlung 1983 gegründet. Archäologen im Heiligen Land wissen, dass jeder Spatenstich politische Folgen haben kann.

Susiya liegt ziemlich weit ab von meiner Route. Ich steige daher in einen Bus, der mich nach Kirjat Arba bringt. Die jüdische Siedlung vor den Toren Hebrons, 1971 gegründet, hat mittlerweile fast 8000 Einwohner. Sie ist eine Hochburg religiös motivierter Siedler. Übernachten, so wurde mir bedeutet, kann ich hier nicht. Also muss ich eine Unterkunft in Hebrons, auf palästinensischer Seite, suchen. Ich fahre mit dem Bus bis zur Endstation kurz vor der Sperrschranke. Als ich ausgestiegen bin, blickt mir der Fahrer mit Entsetzen nach. Ich gehe nicht in eines der Häuser, sondern geradewegs auf die Schranke zu. Der Wächter fragt mich, wohin ich denn wolle. »Hinüber nach Hebron«, sage ich. Er schüttelt den Kopf und lässt mich durch.

Kapitel 17

Ein Hagel von Hass

Die geteilte Stadt Hebron

»Ist Mein Wort nicht wie ein Feuer, spricht der Herr,
und wie ein Hammer, der den Felsen sprengt?«
BABYLONISCHER TALMUD, SANHEDRIN 24A

Eine Zeit lang weiß ich gar nicht so recht, wo ich eigentlich bin. Hebron ist geteilt. Wachtürme, Stacheldraht und militärische Tarnnetze ziehen sich quer durch die Altstadt. Aber die Grenzen, die damit gesichert werden, sind für einen Neuankömmlung so verwirrend wie das Labyrinth der Straßen. Ich laufe eine Gasse entlang, weiß nicht, ob ich auf jüdischem oder palästinensischem Gebiet bin. Zwei israelische Soldaten stehen Posten an einer Ecke.

»Darf ich hier rechts abbiegen?«, frage ich.

»No, this is a no-go-area. You will be killed.«

Ich laufe zwischen Felsbrocken durch, die den Weg für Autoverkehr verbauen. Kurz dahinter kommt mir ein Mann im Kaftan entgegen, der ausgezeichnet Englisch spricht. »Sir«, fragt er, »sind Sie sicher, dass Sie hier richtig sind?«

Irgendwie bin ich zu Fuß auf die palästinensische Seite geraten. Meine Kontaktperson, bei der ich unterzukommen hoffte, bekomme ich seit Tagen nicht ans Telefon. Ich muss also ein Hotel suchen. Ich frage nach einem Taxi. »Bis hierher dürfen keine Taxen fahren«, sagt der Mann. »Gehen Sie noch ein Stück hier runter, dann links, dann immer geradeaus weiter, bis Sie auf einen Marktplatz kommen.«

Der Taxifahrer staunt über seinen seltsamen Kunden. Ein Hotel? »Hier im Zentrum gibt es überhaupt keines. Wir müssen ganz weit nach Norden fahren.« Ich ahne, dass dies ein teures Vergnügen wird, aber ich habe keine andere Wahl. Wir fahren eine Strecke, die selbst mit bestem Ortsgedächtnis nicht zurückzuverfolgen wäre. Nach gut 20 Minuten stehe ich vor einer jener Herbergen, die ich eigentlich meiden wollte. Das Hotel gehört zur »Regency«-Gruppe.

In der Lobby herrscht gespenstische Stille. Die Rezeption ist nicht besetzt. Nach einer Weile hallen Schritte durch den Flur. Ein junger Angestellter schaut mich mit freudiger Überraschung an. »Haben Sie ein Zimmer?«, frage ich. »Mehr als 90«, antwortet er. »Aber so gut wie keine Gäste.« Ich deute missmutig auf die Preistafel, er geht gleich um gut 30 Prozent herunter. Der junge Mann ist Empfangschef, Telefonist und Kellner zugleich. Die einzigen Menschen, die außer mir hier wohnen, sind zwei Deutsche, die die Stadtverwaltung bei der Privatisierung der Stromversorgung beraten. Ich bringe meine Sachen aufs Zimmer und fahre mit dem Aufzug ganz hoch, um einen Ausblick zu haben. Als die Tür sich öffnet, bleibe ich wie angewurzelt stehen. Das ganze obere Stockwerk, einst ein Panorama-Restaurant, ist zerschossen und ausgebrannt. Ich blicke durch die Trümmer hindurch nach Norden, über den Stadtrand von Hebron hinaus. Dort drüben sind Stellungen der israelischen Armee. Von da ist der Beschuss wohl gekommen. Wieso und weshalb? Der junge Mann an der Rezeption zuckt mit den Schultern. Er ist erst seit kurzem da und weiß es auch nicht genau.

Hebron ist heiliger Boden, für Juden wie für Muslime. Laut Altem Testament schlug Abraham hier unter Eichen des Hains Mamre sein Lager auf. Der arabische Name der Stadt, Al-Khalil (»Der Freund«), soll an den »Freund Gottes« erinnern. Der Urvater kaufte die Machpela-Höhle als Familiengrab. Abraham und Sarah, Isaak und Rebekka, Jakob und Lea, Stammväter und -mütter des Volkes Israel, wurden nach der Überlieferung dort zur letzten Ruhe gelegt. Die Muslime aber errichteten über den Patriarchengräbern die Ibrahimi-Moschee. Sie wurde zu einem islamischen Volksheiligtum – und zu einer Art Mikrokosmos des Nahostkonflikts.

Tags darauf fahre ich wieder in die Altstadt und mache mich auf den Weg zu dieser Stätte. »Welche Religion?«, fragen die Soldaten am ersten Kontrollpunkt. Sie wissen nicht so recht, wo sie mich als Christen hinschicken sollen. Zum Eingang für Juden? Oder zum Eingang für Muslime? Nicht nur die Stadt, sondern auch dieses Heiligtum ist geteilt, seit hier 1994 der jüdische Arzt Baruch Goldstein in einem Amoklauf 29 Muslime beim Freitagsgebet erschoss, ehe er mit einem Feuerlöscher gestoppt und von Überlebenden totgeschlagen wurde.

Die Soldaten holen sich über Funk Instruktionen. Die Entscheidung lautet, ich muss zu den Muslimen. Es ist Sabbat, die Juden feiern ihn in ihrer Sektion. Anderen Konfessionen, wird mir gesagt, sei an diesem Tag der Zutritt verboten.

Der Weg führt über Treppen hoch, durch ein Spalier von Sicherheitsleuten. Am Eingang steht auf Englisch eine verwitterte Inschrift: »Bitte wahren Sie die Heiligkeit dieser Stätte.« Zwei Tauben trippeln über die Teppiche. Imam Mohammed Tamimi, seit 35 Jahren hier tätig, zeigt mir Einschüsse an den Wänden, die Spuren der Wahnsinnstat, die sich in das Gedächtnis für immer eingegraben hat – in das der Muslime, die sie als Kulmination jüdischen Hasses empfinden, und in das fanatischer Juden, die Goldsteins Grab als Heldenstätte verehren. Tamimi, der nur ein paar Brocken Englisch spricht, sagt an jeder Einschussstelle: »*No crazy! Doctor!*«, eine fast beschwörende Formel, mit der er ausdrücken will, dass ich das Geschehen nicht zur Tat eines Geisteskranken abwerten soll.

Der Irrsinn nimmt in diesen Mauern kein Ende. Da die Sarkophage nicht teilbar sind, wurde 1984 das Terrain getrennt. 1994, nach dem Goldstein-Attentat, wurden die Zugänge getrennt. Die Türen zu Abraham und Sarah gehören den Juden, die Fenster den Muslimen. Jakob und Lea sind unter jüdischer, Isaak und Rebekka unter muslimischer Kontrolle. Ich spähe zwischen dicken Gittern an Abraham vorbei hinüber zu den singenden Juden. Eine Frau mit Kopfbedeckung wirft von drüben einen kurzen Blick durch das Glas, dann wendet sie sich schnell wieder ab. Zwischen uns sitzt, in einem Verschlag verborgen, ein Soldat, der den trennenden Gang bewacht.

Ich verlasse die Moschee und streife durch die Altstadt. Alles wirkt hier wie gelähmt. Die meisten Geschäfte sind geschlossen, die Häuser verrottet. Stacheldraht und Wachtürme krönen die Dächer. Das große Abenteuer für die Kinder hier sind Armeepatrouillen, Festnahmen, Schüsse. Nach dem Massaker 1929, als aufständische Araber 67 Juden umbrachten, verließen die meisten jüdischen Siedler die Stadt, die letzten wurden beim nächsten Aufstand 1936 von den Engländern nach Jerusalem umgesiedelt. 1968 kamen die ersten zurück, getarnt als Touristen, die sich in einem Hotel einmieteten und es dann einfach nicht mehr verließen. Ihr Coup wirkte elektrisierend auf Gesinnungsgenossen in aller Welt. 1971 entstand Kirjat Arba, nach 1979 drangen von dort aus immer mehr Juden in die Altstadt ein. 1997 räumte die israelische Armee den Großteil der Stadt. Der harte Siedlerkern aber blieb. Heute hat Hebron fünf jüdische Enklaven: Beit Hadassah, Beit Hasom, Beit Romano, Tel Rumeida, Abraham Abinu. Sie sind wie ein Dorn im Fleisch der Araber.

Auf der Schuhada-Straße, die sich unter jüdischer Kontrolle befindet, treffe ich zwei Männer mit den Buchstaben TIPH auf Brust und Rücken. Es sind Delegierte der Temporary International Presence in Hebron auf ihrem täglichen Rundgang. TIPH wurde nach Goldsteins Bluttat 1994 entsprechend einer Resolution des UN-Sicherheitsrats eingerichtet, um »ein

Gefühl der Sicherheit für die Palästinenser von Hebron« zu gewährleisten, deren »wirtschaftliche Entwicklung und Wachstum zu fördern« und ein geschütztes Umfeld für internationale Hilfsprojekte zu schaffen. Ein hehrer Anspruch, dem die 70 TIPH-Leute aus Norwegen, Schweden, Dänemark, Italien, der Türkei und der Schweiz kaum gerecht werden können. Sie haben zwar schon mehr als 2000 Berichte abgeliefert. Aber sie haben keine Waffen und daher keinerlei Macht. Israel stimmte damals nur widerwillig zu, um vor der Welt nicht auch noch als Schutzmacht eines Massenmordes dazustehen. Und für die radikalen Siedler in Hebron ist TIPH nichts anderes als ein Feind.

Ich frage die zwei TIPH-Delegierten, einen Schweizer und einen Norweger, ob ich sie ein Stück begleiten darf. Sie haben nichts dagegen. Ein paar Minuten später erlebe ich, welche Konsequenzen das hat. Eine Gruppe von etwa zehn jüdischen Jungen, so zwischen acht und vierzehn Jahre alt, kommt aus Beit Hadassah auf uns zu. Kaum haben sie uns erblickt, greifen sie reflexartig zu Steinen, die hier überall herumliegen. Ein wahrer Hagel geht auf uns nieder. In den Gesichtern der Jungen nichts als purer Hass. Ich beherrsche mich, um den nächstbesten Kerl nicht einfach zu verprügeln. Erstens würde dadurch die Situation eskalieren, zweitens sind sie in der Überzahl. Wir haben keine andere Wahl, als mit beiden Armen wenigstens die Köpfe zu schützen und um unser Leben zu rennen. Ein Brocken trifft mich an der Hüfte, ein paar anderen kann ich gerade noch ausweichen. Zum Glück hat ein Soldat den Vorfall bemerkt und jagt die Bande mit vorgehaltener Waffe davon. Keuchend gehen wir zu dem Auto der TIPH-Delegierten, das auch schon Spuren von Steinwürfen trägt. Wir haben erlebt, wie sich die Gewalt am Leben hält. Was aus Kindern wird, die an einer Front aufwachsen.

Zwei TIPH-Delegierte auf Patrouille

Sonntag, 23. November
Besuch bei der TIPH-Delegation in Hebron. Freundliche Leute, Hochglanzbroschüren, ein eingespielter Apparat. Erfolge? Leider nicht viel Auskunft. Alle Berichte sind vertraulich, nur für die Botschaften der beteiligten Länder bestimmt. Schwierigkeiten? Die Leute führen mich durch die Garage an eine Mauer im Hof. Dort stehen zwei Gedenksteine. Catherine Berruex, Schweizerin, und Turgut Cengiz Toytunç, Türke. Beide wurden am 26. März 2002 von einem Palästinenser erschossen. TIPH, so steht in den Broschüren, wurde gegründet, um die Palästinenser zu schützen.

Kapitel 18
Zahlen mit Blut
Die Juden in Hebron

»Es ist die Tragik im Dasein des Juden, dass er zwei Gefühle in seiner Seele vereinigt, das Gefühl des Vorrangs und das Gefühl der Brandmarkung.«
JAKOB WASSERMANN, JÜDISCHER SCHRIFTSTELLER

Am nächsten Morgen will ich drüben in Kirjat Arba einen Siedler-Anwalt und Politiker treffen. Das heißt, ich muss in Hebron von Zone H1 (palästinensisch) durch die Zone H2 (jüdisch) und dann an die Sperrschranke, die ich schon einmal in umgekehrter Richtung passiert habe. Der Soldat am ersten Kontrollpunkt, einem vom Militär besetzten Haus, sieht mich fassungslos an. Niemand kommt hier auf den Gedanken, einfach von A nach B zu gehen.

»Was wollen Sie denn dort drüben?«, fragt er.

»Ich habe einen Termin«, sage ich.

So einen Fall hatte er noch nie. Autos mit Genehmigung, ja, die dürfen ab und zu mal durch. Aber ein Fußgänger mit einem Notizblock in der Hand? Er lässt mich erst mal stehen, hinter den Tarnnetzen bricht ein heftiger Funkverkehr aus, mein Begehren geht wohl an höhere Instanzen. Nach einiger Zeit kommt der Soldat zurück. »Gehen Sie rechts diese Straße entlang, gut hundert Meter. Sehen Sie die schwarz-weißen Pfähle dort vorn? Direkt an ihnen links ab, da wartet einer von uns auf Sie.« Ich betrete das jüdische Viertel, biege ein in einen schmalen, beidseits eingezäunten Fußpfad. Dort steht ein Wachhäuschen, der Soldat winkt mich durch, dann geht es einen lang gezogenen Treppengang hinunter. Hier wurde offenbar auf beiden Seiten freies Schussfeld geschaffen. Ich lausche beklommen dem einsamen Klang meiner Schritte. Dann bin ich unten an der Schranke. Es sind noch ein paar Kilometer bis zum Siedlungsteil Harsina. Der Wächter blickt auf meine Pressekarte und nickt. Eine Frau, die ihre Kinder zur Schule bringt, nimmt mich ein Stück mit. Dann suche ich zu Fuß die Adresse. Ich bin der Einzige, der hier keine Kippa als Kopfbedeckung trägt. Misstrauische Blicke begleiten mich. Erst als ich den Namen Elyakim Ha'etzni nenne, werden die Mienen etwas freundlicher.

Ha'etzni wurde in Kiel geboren. Seine Eltern schafften es im Dezember 1938, kurz nach der Reichskristallnacht, gerade noch, Deutschland legal zu verlassen; seine Großmutter wurde bei Lemberg erschossen. »Europa war immer antisemitisch«, sagt er. »Wir sind alle gebrannte Kinder.« Er sagt, früher habe er fast nur arabische Klienten gehabt. Das sei seit 1990 vorbei, als er für eine weit rechts stehende Partei ins Parlament ging. Er sagt, früher habe seine Familie bei jeder Hochzeit auch arabische Gäste gehabt. Das sei seit 1987 vorbei, als die erste Intifada ausbrach. »Die Palästinenser sind begabt und fleißig, scharfsinnig und sehr wach«, sagt Ha'etzni. »Sie könnten leben wie Gott in Frankreich. Alle Völker, die Juden ermordeten, wurden vorher von ihnen befruchtet.«

Für Ha'etzni ist die Welt klar aufgeteilt in die Söhne des Lichts und die Söhne der Finsternis. Das Oslo-Abkommen von 1993, so sagt er, sei die letzte Chance der Araber gewesen. Die Europäer, deren Geheimdiplomatie den Vertrag zu Stande gebracht habe, »wollten dem Adler die Schwingen etwas stutzen, sprich: die Juden klein halten.« Die Palästinenser aber hätten diese Chance nicht genutzt. »Wir brachten Arafat und seine ganze Bande aus dem Exil in Tunis zurück. Zum Dank dafür hat er uns provoziert – und sein eigenes Volk zerstört.«

Er will mir Me'arat Hamachpela zeigen, wie die Siedler das Heiligtum auf Hebräisch nennen, und dazu das ganze jüdische Viertel. Ich sage nichts von den Steinewerfern, an seiner Seite bin ich wohl sicher. Wir fahren nach Hebron zur Pilgerstätte, diesmal passiere ich den Eingang für Juden. Das erste Gebäude über der Höhle wurde von König Herodes errichtet, dann folgte eine byzantinische Kirche, dann eine Moschee. Nach dem christlichen Zwischenspiel durch die Kreuzfahrer bauten die Mamelucken die Minarette, die Türken danach die Mauerumfriedung. Seit 1267 war den Juden der Zutritt zu ihrem ältesten Heiligtum verboten, sie durften nur bis zur siebten Treppenstufe hoch. Ha'etzni zieht mich zu dem Ort, wo ein Jude mit ausgebreiteten Armen betet, und sagt: »Wir haben ein Gedächtnis, das nicht erlischt.«

Ich gehe mit ihm noch einmal an Abraham und Sarah, Jakob und Lea vorbei. In einem Raum daneben sitzen Juden an einem Tisch und studieren die heiligen Schriften. »Diese Leute«, sagt Ha'etzni feierlich, »sind angekommen. So wie ich.« Er lebt auf, seine Worte wie auch Schritte werden schneller, er federt über die Treppenstufen, als stürmte er dem Paradies entgegen. Dann erzählt er, was damals in ihm vorging, als er den Entschluss fasste, von Ramat Gen bei Tel Aviv nach Kirjat Arba bei Hebron umzuziehen. Die »Befreiung« Hebrons 1967, wie er es nennt, war für ihn so, »als wäre ein unmöglicher Traum in Erfüllung gegangen«. Es war der Lohn für die schwere Verwundung, die er als Soldat im Krieg von 1948 erlitten hatte. »Es war, als ob der Messias an die Tür klopfte. ›Ich schulde es Gott, nach Hebron zu gehen‹, sagte ich zu meiner Frau, und sie wusste, dass sie mich nicht würde halten können. Es wäre unmöglich gewesen, sich dieser historischen Sache nicht gerecht zu zeigen. So zogen wir alle hierher, hier wuchsen auch meine vier Kinder auf – mit dem Ergebnis, dass sie nicht verdorben sind wie all die, die in Tel Aviv ohne Gott aufwachsen.«

Wir kommen zur Synagoge, deren Vorgängerin bei dem antijüdischen Aufruhr 1929 in Flammen aufging. Eine paar Reste des alten Ghettos sind noch da, eine Thorarolle wurde fast unversehrt ausgegraben, das Gotteshaus neu aufgebaut. Eine Gedenktafel würdigt die Verdienste des Professoren Ben Zion Tabger, »der sein Leben hartnäckig dem Ziel widmete, die

Schande der Verwüstung des Herzens der jüdischen Gemeinschaft in Hebron zu tilgen«.

Hier ist alles getränkt von Geschichte. Es wimmelt von Gedenktafeln, auf denen Mäzene verewigt sind, die Geld für jüdische Projekte in Hebron gespendet haben. Und von Gedenktafeln mit Namen von Opfern arabischer Attentate. Wir spazieren über einen Kinderspielplatz mit Rutschbahn und Kletterstangen, er ist gesäumt von hohen Drahtverhauen. »Wir zahlen für jeden Meter mit Blut«, sagt Ha'etzni. »Aber wenn wir hierher nicht zurückkommen, hat der jüdische Staat keinen Sinn.« Was in Judäa und Samaria ausgefochten werde, sei nicht nur ein Kampf gegen die Araber. Es sei der tiefe innerjüdische Streit, was Israel bedeute: nur eine Zufluchtsstätte für das jüdische Volk oder eine Heimat im Land der Vorväter.

Hebron, sagt er, sei eine Botschaft an die Araber: »Je mehr Terror ihr macht, desto mehr unterstützt ihr den zionistischen Aufbau.« 1980 ermordeten Palästinenser vor der ersten Siedlerenklave Beit Hadassah sechs Talmudschüler aus Kirjat Arba, die nach dem Gebet in der Machpela-Höhle zum feierlichen Sabbatmahl kamen. Als Reaktion gab Israels Regierung die Erlaubnis, noch mehr Enklaven in der Stadt zu besiedeln.

Hebron, sagt er, sei aber auch eine Botschaft an den Rest der Welt: »Wir sind hier viel freier als unsere Regierung. Uns sind die Europäische Union und die Vereinten Nationen wurst. Wir wissen, wo Wahrheit und Gerechtigkeit sind.«

Montag, 24. November
Ich laufe von Hebron nach Norden, Richtung Bethlehem. Steige wieder über Wälle aus Erde und Felsbrocken, zusammengeschichtet von Bulldozern. An jeder Straßensperre das gleiche Chaos: wildes Hupen, hektisches Rangieren, einen Wendeplatz haben die Barrierebauer nicht vorgesehen. Auf fast jedem Hügel steht ein Wachturm.
Im arabischen Ort Halul scharen sich Kinder um mich, laufen schnatternd hinter mir her. Andere Kinder sehen den Pulk, rennen herbei und schließen sich an. Der fröhliche Tross wird größer und größer, endlich mal eine andere Attraktion als Panzer und Soldaten. »Hey, Mister, how are you?«, *rufen sie mir zu,* »Hey, Mister, what is your name?« *Stolz probieren sie alle englischen Vokabeln aus, die sie in der Schule gelernt haben. Ich komme mir allmählich vor wie der Rattenfänger von Hameln. Fenster öffnen sich, verwundert schauen Einwohner dem seltsamen Zug zu.* »Ist etwas passiert, warum laufen Sie denn?«, *fragt ein junger Mann besorgt.* »Alles okay, ich laufe aus Spaß«, *entgegne ich, und er blickt mir mit großen Augen nach. Aus Bäcker-, Schneider- und Friseurläden, aus Tankstellen und Autowerkstätten winken die Leute freundlich. Es ist ein wahrer Triumphzug.* »Germany? Very good! Have a nice day!«

Kapitel 19

Karate statt Kalaschnikow

Eine Hoffnung in Bethlehem

»*Was das Salz für die Nahrung ist, das seid ihr für die Welt*«.
MATTHÄUS 5, 13

Aufgerissene Gehsteige, aufgeschüttete Erde, aber kein Handwerker weit und breit. Asphaltierungsarbeiten auf 200 Meter Länge, davor und dahinter ein Meer von Schlaglöchern. Überall Rohbauten, unfertige Häuser. Auf dem Weg ins Zentrum von Bethlehem kommt mir alles, was ich sehe, wie Stückwerk vor. Greise sitzen apathisch vor ihren Häusern, spielen mit Perlenketten in den Händen, starren mir nach. Säcke mit Abfall türmen sich an der Straße zu stinkenden Bergen. Die Müllmänner befinden sich im Streik. Sie fordern nicht eine Lohnerhöhung, mehr Urlaub oder Arbeitszeitverkürzung. Sie streiken, weil sie seit drei Monaten keinen Lohn mehr bekommen haben.

In den Souvenirläden rund um die Geburtskirche sitzen die Olivenholzschnitzer tatenlos zwischen ihren Figuren. Josef und Maria an der Krippe im Stall, die drei Weisen mit ihren Gaben, die Hirten mit dem Stern, daneben türmen sich Aschenbecher, Vasen und Schmuckkästchen und Kruzifixe in allen Variationen. Früher drängten sich hier die Touristen, pro Tag kamen im Durchschnitt 30 Busse, 80 Prozent der Einwohner Bethlehems lebten in irgendeiner Form vom Tourismus. Aber seit drei Jahren schon ist der Besucherstrom, der Geld in die Kassen spülte, fast völlig versiegt. Die mehr als 20 Hotels der Stadt haben so gut wie keine Gäste.

Am Hauptplatz vor der Geburtskirche stürzen sich Führer auf jede Person, die sie für einen potenziellen Kunden halten, und bieten fast flehentlich ihre Dienste an. Im modern gestalteten »Peace Center« ist die Touristeninformation untergebracht. Die Toiletten aber sind geschlossen, die Bücherei ebenso, der Mann im Büro der Touristenpolizei liest Zeitung. Die zwei Damen an den Auskunftsschaltern blicken frustriert in die leere Eingangshalle. Die 47-jährige Miuri Asis, in Bethlehem geboren, kam 2000, nach elf Jahren in Jordanien, mit ihren zwei Kindern in die Heimatstadt zurück, voller Hoffnung, dass der Besucherboom der vergangenen Jahre anhalten würde. Nur einen Monat später aber brach die zweite Intifada aus, die mit einem Schlag alle Zukunftsträume zerstörte. Die 21-jährige Manhal Assaf verbrachte ihre Jugend in Kempen bei Krefeld, ehe sie sich entschloss, in Bethlehem ein neues Leben zu beginnen. In ihrem Fall vergingen zwei Monate, ehe die Intifada begann. Vor den Glastüren des Büros fegt ein Mann sorgsam jedes Staubkorn in seine Schaufel – dankbar, wenigstens eine Aktivität ausüben zu dürfen. Es ist, als hielte er sich verzweifelt an seinem Besenstiel fest.

Auf dem Boden der Geburtsgrotte, die von griechisch-orthodoxen Mönchen verwaltet wird, kniet eine kleine Schar aufrechter Pilger, deren Glaube stärker ist als die Angst. Sie kommen aus Guatemala, kleine Leute mit wenig Geld, die jahrelang für die Reise ihres Lebens gespart haben; ein paar Indiofrauen tragen die farbenprächtige, traditionelle Maya-Tracht. Mit zitternden Händen berühren sie den Silberstern, der die Stelle markiert, an der Jesus laut Überlieferung geboren wurde. Ein paar Frauen schluchzen, andere murmeln inbrünstige Gebete. Dann beginnt ein Gottesdienst. Die Priester, Pilger und der Schmuck an den Wänden werden von Weihrauch eingehüllt. Es ist die einzige Gruppe, die an diesem Tag die Wallfahrtsstätte besucht.

In der katholischen Katharinenkirche nebenan, die unter der Obhut des Franziskanerordens steht, bauen zwei Österreicher 2000 neue Pfeifen für die Orgel ein. Die alten gerieten 2002 durch Granatenbeschuss in Brand, als israelische Truppen die Geburtskirche belagerten. 198 Palästinenser hatten sich auf der Flucht vor den Soldaten 39 Tage lang in dem Gotteshaus verschanzt. Damals standen bis zu 20 Panzer vor der Pilgerstätte, drei Kräne hatten Scharfschützen hochgehievt, über den Dächern des Klosters kreiste ein Fesselballon, sogar beim Zähneputzen gerieten Mönche in den Kugelhagel. Am Ende wurden, nach zähen Verhandlungen, 13 Widerstandskämpfer in europäische Staaten ausgeflogen, 26 weitere mit einem Bus nach Gaza gebracht, der Rest freigelassen. Schockiert mussten die 28 Ordensbrüder aus 18 Ländern erleben, wie ihr geheiligter Ort von Juden und Muslimen zugleich entweiht wurde.

Ich darf als Gast im Kloster übernachten und die Mahlzeiten mit den Mönchen einnehmen. Nach dem Abendessen um acht treffen sich alle im Freizeitraum, um im Fernsehen die Nachrichten zu sehen, Karten zu spielen oder zu plaudern. Die Gespräche kreisen um das ewige Thema. Zwei israelische Soldaten sind heute auf einer Straße vor den Toren Bethlehems von einem Palästinenser erschossen worden, nun warten alle auf den Gegenschlag. Der Guardian, Pater Johannes Simon, stammt aus der ehemaligen DDR. Ich frage ihn, ob er eine Lösung sieht. »Solange die Besatzung anhält«, sagt er, »wird auch die Gewalt anhalten.« Wir reden über die religiösen Überzeugungen, aus denen sich dieser Konflikt speist. Was die Muslime betrifft, so sagt er: »Es gibt keinen Gott der Liebe im Islam.« Was die Juden betrifft, so könne es wohl nur dann Frieden geben, wenn sie Jesus als den Messias anerkennen würden. »Anders«, sagt Pater Johannes, »ist dieser Panzer nicht aufzubrechen.«

Ich suche weiter nach einem Strohhalm Hoffnung. In der Altstadt, unweit der Evangelisch-Lutherischen Kirche, ist das »Internationale Zentrum von Bethlehem« herangewachsen, gefördert mit Mitteln aus Deutschland. Hier können Palästinenser aller Konfessionen sich in der Töpfer- und Mosaikkunst, der Glasmalerei und -bläserei üben, traditionelle arabische Musikinstrumente wie auch Klavier und Gitarre, Violine und Flöte, Trompete und Saxofon erlernen. Hier werden Bilder nationaler und internationaler Künstler ausgestellt, Konzerte und Theateraufführungen veranstaltet. Ein Dutzend Teilnehmer müht sich gerade im Seminar »Friedens-Journalismus«. Dieses Zentrum ist der Versuch, ein Bollwerk des Geistes gegen die Macht der Panzer und Gewehre zu schaffen.

Der Schöpfer dieser beeindruckenden Gegenwelt ist Pastor Mitri Raheb. Er hat acht Jahre lang an der Universität Marburg studiert und von dort, so sagen seine Mitarbeiter, deutsche Disziplin, Pünktlichkeit und Organisationstalent mitgebracht. Er hält wenig von öffentlichkeitswirksamen Gemeinschaftsprojekten, bei denen Israelis und Palästinenser sich vor Kameras demonstrativ die Hände schütteln. »Wenn man untereinander nicht reden kann, hat es auch keinen Sinn, mit anderen zu reden. Wir müssen bei uns selber anfangen.« Er will seinen Landsleuten den Blick für Kultur und Kulturen öffnen, sie wegführen von dem Schwarz-Weiß-Denken, das den Juden die Schuld an allen Übeln gibt und die Palästinenser so des kritischen Nachdenkens über ihre eigenen Umgangsformen enthebt. »Unser Ziel ist es, Räume der Hoffnung zu schaffen«, sagt er. »Wir wollen zeigen, dass es ein Leben vor dem Tod gibt.«

Nuha Sanir Khury ist die stellvertretende Leiterin des »Wellness Centers« am Rand von Bethlehem. Dieser Neubau des Internationalen Zentrums hat wenig mit der Luxusindustrie zu tun, die sich in Deutschland unter dieser Bezeichnung ausgebreitet hat. Wohlbefinden wird in Bethlehem anders definiert. »Wir wollen Kindern und Eltern zeigen, wie schön es ist, etwas zu lernen. Wie schön es ist, Toleranz zu üben.« Eine Schule mit derzeit 238 Kindern soll diesen Geist verströmen. Dazu gibt es einen Basketballplatz, eine Schwimmhalle, einen Tanz- und Gymnastiksaal. Ein 23-jähriger Gehörloser, der normalerweise ein Außenseiter der Gesellschaft bliebe, leitet hier allein mit Gesten einen Kurs in Karate, an dem Jungen und Mädchen gemeinsam teilnehmen können. »Was hier geschieht, ist mehr als nur Sport«, sagt Khury. »Der Lehrer genießt trotz seiner Behinderung Autorität, er erntet Respekt für sein Können. Und die Schüler erfahren, dass es zum Austoben auch andere Wege gibt als Bomben und Schießen.«

Fast alle Mitarbeiter des Zentrums sind Frauen – ein deutlicher Kontrast zur untergeordneten, nichtöffentlichen Rolle, die sie in großen Teilen der traditionellen arabischen Gesellschaft bis heute einzunehmen haben. Zusammen mit den Kindern wollen sie um das »Wellness Center« herum eine halbe Million Pflanzen setzen. Sie wollen die alten Bäume Palästinas wieder wachsen sehen, die in den vergangenen Jahrhunderten rücksichtslos gerodet wurden. »*Bright Stars*«, »helle Sterne« heißt dieses Programm für Kinder von sechs bis 16 Jahren. Khury sagt: »Wir wollen ihnen zeigen, dass sie Sterne werden können.«

An der Wand in einem Flur der Schule hängt eine Passage aus einer berühmten Predigt des amerikanischen Bürgerrechtlers Martin Luther King, der 1964 den Friedensnobelpreis erhielt und 1968 ermordet wurde. Der Text, in seinem Buch

Strength to Love, auf Deutsch *Kraft zum Lieben*, entstand 1956 während eines Omnibusboykotts, mit dem die Schwarzen auf friedliche Weise die Aufhebung der Rassentrennung in Montgomery, US-Staat Alabama, erzwangen. Aber die Sätze sind so zeitlos und wuchtig, als wären sie für alle Konflikte der Welt gesprochen. Sie müssten, denke ich unwillkürlich, zu beiden Seiten des Sicherheitszaunes aufgehängt werden, der Israelis und Palästinenser trennt.

»Unsere Leidenskraft ist ebenso groß wie eure Macht, uns Leiden zuzufügen«, heißt es in dieser Predigt. »Tut mit uns, was ihr wollt, wir werden euch trotzdem lieben. Wir können euren ungerechten Gesetzen nicht mit gutem Gewissen gehorchen, denn wir sind nicht nur verpflichtet, zum Guten zu wirken, sondern auch die Zusammenarbeit mit dem Bösen zu verweigern. Werft uns ins Gefängnis, wir werden euch trotzdem lieben. Werft Bomben in unsere Häuser, bedroht unsere Kinder, wir werden euch trotzdem lieben. Und seid sicher, wir werden mit unserer Leidensfähigkeit die Oberhand behalten. Eines Tages werden wir die Freiheit gewinnen. Wir werden so lange an euer Herz appellieren, bis wir auch euch gewonnen haben. Und dann wird unser Sieg ein doppelter sein.«

Mittwoch, 26. November

Bethlehem und Jerusalem sind eigentlich schon fast zusammengewachsen. Der Sicherheitszaun aber zieht eine neue Schneise in die zersiedelte Gegend. Er trennt die arabischen Dörfer von dem Dutzend neuer Siedlungen, die sich wie ein strategischer Gürtel um den 1967 eroberten Ostteil der Stadt legen: Gilo, Ramat Eschkol, Givat Hamiftar, Ma'alot Dafna, French Hill, Neve Ya'akov, Ramot, Talpiot-Ost, Pisgat Ze'ev, Rekhes Schuafat, Givat Schapira. Mehr als 225 000 neu hinzugekommene Siedler leben hier auf ursprünglichem Westbank-Territorium. Die meisten sind nach hier draußen gezogen, weil ihnen die Mieten in der Stadt zu hoch wurden. Ich blicke auf die Siedlung Har Homa, weit vor der Stadt gelegen. Um ihren Bau gab es besonders heftigen Streit. Trutzige, abweisende Mauern, kreisförmig auf einen Hügel gewuchtet. Eine Festung im 21. Jahrhundert.

Kapitel 20

Lauern an den Mauern

Im Tunnel unter Jerusalem

»Wach auf, wach auf, Zion. Zieh das Gewand deiner Macht an.«
JESAJA 52,1

Wie soll man sich dieser unvergleichlichen Stadt geistig nähern? Jerusalem ist ein geweihter Ort für die drei großen monotheistischen Religionen der Welt, die alle in enger Beziehung zueinander stehen; das Christentum wurzelt im Judentum, der Islam in Judentum und Christentum. Jerusalem ist in seiner 3000-jährigen Geschichte 33-mal erobert worden. Und im Lauf der Jahrhunderte erhielt es mehr als 70 Beinamen, viele haben ihren Ursprung in der Bibel: »Stadt Gottes« und »Löwe Gottes«, »Heilige Stadt« und »Himmlische Stadt«, »Stadt aus Gold« und »Stadt der Gerechtigkeit«, »Geliebte Stadt« und »Treue Stadt«, »Fröhliche Burg« und »Thron des Herrn«. Im Babylonischen Talmud, Traktat Kiduschin 49b, heißt es: »Zehn Maße Schönheit kamen in die Welt herab; neun erhielt Jerusalem und eines die ganze Welt.«

Ich unternehme den Versuch, die Stadt von unten nach oben zu begreifen, von Epoche zu Epoche. Dafür schließe ich mich einer amerikanischen Reisegesellschaft an, die den

320 Meter langen Tunnel unter der Altstadt besichtigen will. Ich muss an diesem heiligen Ort wie alle Männer eine Kippa tragen, zum Zeichen der Ehrfurcht vor Gott. Für Besucher, die ohne Kippa ankommen, steht am Eingang ein Karton mit einem Sortiment aus Papier.

Die Briten Charles Wilson (im Jahr 1864) und Charles Warren (von 1867 bis 1870) drangen als erste Forscher ein Stück in das Aquädukt ein, dessen Fundamente aus dem 2. Jahrhundert v. Chr. stammen. Sie wussten noch nicht recht, was all die Strukturen bedeuteten, die sie zwischen den Zisternen unter der Erde fanden. 1968, ein Jahr nach der Eroberung der Altstadt und des Ostteils von Jerusalem durch israelische Truppen, stießen die Juden selber in ihre Geschichte vor. Sie legten den Platz vor der Klagemauer, an der sie nun erstmals seit fast 20 Jahren wieder beten durften, um zwei Steinreihen, etwa zweieinhalb Meter, tiefer. Von dieser neuen Ebene aus trieben sie den Stollen nach Norden voran. Die Araber protestierten gegen diese »Judaisierung« der Stadt, wie sie es nannten, und fürchteten eine heimliche Unterminierung des Tempelberges, auf dem zwei muslimische Heiligtümer, der Felsendom und die Al-Aqsa-Moschee, stehen. 1996, als der Tunnel für Besucher geöffnet wurde, brachen heftige Straßenkämpfe aus.

Schifra Vine, die junge Führerin, zeigt an einem Modell, wie historische Zentren der jüdischen Religion aussahen. Der Erste Tempel, 955 v. Chr. unter König Salomo geweiht, war ein relativ bescheidenes Bauwerk, das sich in den Hügel schmiegte. Der Zweite Tempel, 515 v. Chr. nach der Rückkehr der Juden aus dem babylonischen Exil errichtet, wuchs ein halbes Jahrtausend später unter König Herodes zu einem gigantischen Monument seiner Macht heran. 10 000 Arbeiter und 1000 Priester, so der Geschichtsschreiber Flavius Josephus, brauchten mehr als acht Jahre, um den Berg zu planieren und dann auf ebener Fläche gewaltige Säulengänge und -hallen zu errichten. »Am Jom Kippur, dem heiligsten Tag des Jahres, kam der Hohepriester aus dem Tempel«, sagt Vine. »Für die Juden bedeutete dies, dass ihre Gebete erhört waren. Jeder wollte seine Hand schütteln. Das neue Jahr konnte beginnen.« Seit der Zweite Tempel samt der Stadt 70 n. Chr. von den Römern zerstört wurde, fehlt den Juden das Allerheiligste. »Ohne Tempel«, sagt Vine, »fehlt uns das Zentrum von allem.« Sie spricht über die Gefühle ihres Volkes, als 1967 im Sechstagekrieg die ersten israelischen Soldaten am Fuß des Tempelberges standen. »Für ein paar Minuten vergaßen wir sogar den Krieg. Wir waren ganz nahe an dem 2000 Jahre alten Traum – dem Traum namens Jerusalem.«

Wir laufen über ein Fenster, das in den Boden eingelassen wurde, und blicken nach unten. Dort sind Ruinen aus der Zeit des Zweiten Tempels angeleuchtet. Wir laufen unter massigen Bögen, den Resten einer alten Brücke über das flache Tyropeon-Tal, und blicken nach oben. Über diese Brücke wurde das Quellwasser, das aus den »Teichen Salomos« südlich von Bethlehem durch ein Aquädukt nach Jerusalem floss, zum

Tempelberg geleitet. Schicht um Schicht versuchen wir nachzuvollziehen, was sich hier alles abgespielt hat. Vermutlich zerstörten die jüdischen Rebellen 67 n. Chr. dieses Bauwerk, um den römischen Truppen den Weg zum Tempelberg abzuschneiden. Muslimische Herrscher restaurierten es im 8. Jahrhundert, indem sie gleich zwei Brücken übereinander bauten.

Wir sitzen wie eine Schulklasse in stufenförmig angeordneten Bänken und blicken auf weitere Modelle. Sie zeigen, auf welch kühne Weise Jerusalem von den Mamelucken im 13. Jahrhundert umgekrempelt wurde. Sie füllten die Talsenke auf und errichteten riesige Gewölbe als Unterbauten für neue Häuser, die nun auf gleicher Höhe mit dem Tempelberg standen – Moschee und Stadt sollten, als Sinnbild islamischer Macht, ein horizontales Kontinuum bilden.

Wir stehen an der Klagemauer, die heute zu neun Zehnteln unterirdisch verläuft. »Hier ist die Stelle, die dem Zentrum aller Dinge am nächsten lag«, erklärt Schifra Vine. Die Juden in aller Welt wenden sich beim Gebet mit dem Gesicht in Richtung Jerusalem, in Jerusalem in Richtung Klagemauer, an der Klagemauer in Richtung Allerheiligstes. »Diese Mauer erzählt die Geschichte der Juden«, fährt sie fort. »Schauen Sie einmal an ihr entlang nach oben! Meist hat man doch das Gefühl, dass einem so ein Bauwerk auf den Kopf fällt. Hier aber wurde jede Steinreihe aufwärts um zwei Zentimeter nach hinten versetzt. Sie können befreit hochsehen – es ist eine starke, aber nicht bedrohliche Mauer.« Die Steine sind ohne Mörtel verfugt, und das so perfekt, dass nicht einmal eine Messerklinge dazwischen passt. Das Gewicht des größten Steins, 13,6 Meter lang, 3,50 Meter hoch, etwa 3,50 bis 4,50 Meter breit, wird auf 628 Tonnen geschätzt, das ist so schwer wie 200 Elefanten. Bei der Zerstörung Jerusalems im Jahr 70 gelang es den Römern nicht, die Mauer in ihrer Gänze einzureißen – die gigantischen Steine waren stärker.

Zu beiden Seiten des Ganges beten orthodoxe jüdische Frauen, bekleidet mit Kopftüchern und langen, weiten Röcken. Sie sitzen auf Stühlen oder stehen an Nischen, versunken in die alten Schriften. Ihre Oberkörper wippen im Gebet, so wie es geschrieben steht im Psalm 39: »All meine Knochen lockern sich, o Herr.« Sie beugen sich vor Gott und richten sich wieder auf, für viele Juden ist dies auch eine Hilfe zur Meditation. Ihr Murmeln scheint sich zu einem einzigen monotonen Sprechgesang zu vereinigen, der an dieser Stelle den ganzen Tunnel ausfüllt. Wir schreiten durch eine unterirdische Synagoge. »Denn von Zion wird Weisung ausgehen und Gottes Wort von Jerusalem«, liest eine Beterin aus dem Buch des Propheten Jesaja. Die Führung geht zu Ende, der Katakombenchor aber hallt in mir nach, bis ich wieder am Ausgang bin.

Das kleine Stück Klagemauer, das unter freiem Himmel steht, ist belagert von Männern mit schwarzen Filzhüten und schwarzen Fracks, Vollbärten und Schläfenlocken; die Frauen beten getrennt am südlichen Ende der 17 Meter hohen Wand. Ich sehe Alte und Junge, die sich an die Kalksteine lehnen, das

Gesicht im Arm vergraben, ehrfürchtig das Gestein küssend. Rabbiner, die laut aus den Schriften zitieren. Soldaten, die einander umarmen und schweigend vor dem Heiligtum am Fuß des Tempelberges verharren. Menschen, die Zettel mit Fürbitten in kleine Nischen schieben. Diese uralte Stadt ist eine Stadt der Beter. Das gerade einmal hundert Jahre zählende Tel Aviv, wo das Business zu Hause ist, gilt ihnen als Höhle des Mammons, der Dekadenz und Gottesferne.

Nur zu oft scheint es, als werde der erbitterte Streit zwischen orthodoxen und weltlichen Juden dieses Land endgültig zerreißen. Doch dann schweißt der gemeinsame Feind dieses ungeheuer heterogene Volk aus europäischen Aschkenasim und orientalischen Sephardim, aus russischen und amerikanischen, deutschen und marokkanischen, argentinischen und äthiopischen Immigranten doch immer wieder neu zusammen – und zwar stärker, als es bei den Arabern je der Fall war.

Der Tempelberg, dessen Westseite von der Klagemauer begrenzt wird, ist die sensibelste Stelle der Stadt. Die Juden fordern ihn für sich, weil hier laut Altem Testament der Urvater Abraham Gott zum Beweis seines Gehorsams sogar seinen Sohn Isaak opfern wollte. Die Muslime fordern ihn für sich, weil von hier aus laut Koran der Prophet Mohammed auf seiner geflügelten Stute Al Burak in den Himmel aufgestiegen, dort mit Allah und den Propheten gesprochen haben und dann zur Erde zurückgekehrt sein soll. Im Jahr 2000 provozierte Ariel Scharon, damals Oppositionsführer, die Palästinenser

Die Altstadt von Bethlehem

Jerusalem: der Felsendom, im Vordergrund die Klagemauer

Juden beim Gebet

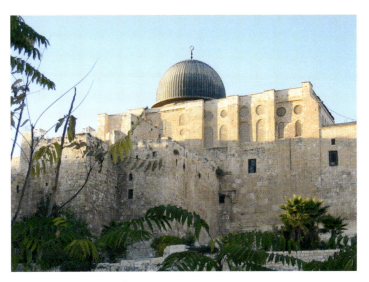

Blick auf die Al-Aqsa-Moschee

Auf dem Tempelberg

Am Damaskustor nach dem Freitagsgebet. Ein Soldat (oben) überwacht die Menge mit schussbereitem Gewehr.

Am Ölberg liegt der älteste jüdische Friedhof; wegen seiner Lage gegenüber des Tempelbergs die begehrteste Grabstätte für orthodoxe Juden.

Franziskanermönche sammeln sich jeden Freitag um 15 Uhr zum Kreuzweg durch die Altstadt.

Eine jüdische Hochzeit auf dem Platz vor der Klagemauer

Sechs christliche Konfessionen teilen sich die Grabeskirche. In diesem Teil wohnen die Priester der Äthiopischen Kirche.

Auf dem Klostergelände der Karmeliterinnen auf dem Ölberg ist das Vaterunser in 138 Sprachen auf Mauern verewigt.

Schild im Kidrontal, Ost-Jerusalem

Der Autor an der Straße von Bethlehem nach Jerusalem

mit einem demonstrativen Spaziergang über das schwer bewachte Gelände; gleich darauf brach die zweite Intifada aus.

Um die Araber nicht noch mehr zu reizen, gaben die Israelis nach dem Sechstagekrieg den von ihnen eroberten Berg an die Waqf, die arabische Stiftung zur Verwahrung von Grundbesitz. Sie gestattet Nicht-Muslimen den Zugang zum Tempelberg nur sonntags von acht bis elf Uhr. Ich passiere wie üblich die elektronischen Sicherheitskontrollen und betrete das weite, mit Büschen und Bäumen bepflanzte Areal. Drei Männer mit Kippa kommen hinter mir die Treppenstufen hoch. Da sie Englisch miteinander sprechen, frage ich, ob ich mich ihnen anschließen darf. Sie mustern mich, sind nicht gerade begeistert, sagen aber auch nicht Nein. Offensichtlich führt hier ein Jerusalemer Jude zwei Juden aus den USA, die zu Besuch gekommen sind. Ich will aber nicht zu viel fragen, um die drei nicht noch misstrauischer zu machen. So lausche ich meist nur still dem, was der Mann aus Jerusalem zu sagen hat.

»Die Araber haben diesen Platz gestohlen«, ist einer der ersten Sätze, die er mit unterdrückter Wut herauspresst. Ich spüre, wie die Spannung um uns herum steigt. Ein palästinensischer Aufpasser weicht nicht von unserer Seite, verfolgt mit eisiger Miene jede Bewegung und jeden Schritt. Die Juden würdigen ihn keines Blickes, ich sage zumindest »*good morning*« und frage, ob er Englisch spricht. »Nein«, sagt er, und es scheint auch zu stimmen, sonst würde er ab und zu wohl doch einmal zucken bei dem, was die drei Männer von sich geben.

Wir blicken auf die verschlossenen Türen der Al-Aqsa-Moschee, die Platz für 5000 Gläubige bietet. Sie wurde 714 unter dem Kalifen Abdul Walid errichtet, fiel um 1000 einem Erdbeben zum Opfer, Sultan Al-Tahir ließ sie 1033 wieder aufbauen und stiftete außerdem eine silberne Kuppel. Der Eintritt ist Nicht-Muslimen derzeit verboten. Schon als ich nur versuche, mich den Türen zu nähern, stellt sich mir unser menschlicher Schatten mit gebieterisch fuchtelnder Hand in den Weg.

Im Südosten des Tempelbergs hat die Waqf tonnenweise Erdreich ausheben lassen, um an dieser Stelle die größte unterirdische Moschee im Nahen Osten zu errichten. Seither ragt aus der Mauer an der Südseite des Areals eine 70 Zentimeter große Beule. Mühsam wurde das Bauwerk abgestützt, um einen Einsturz und dadurch eine Beschädigung der Al-Aqsa-Moschee zu verhindern. Auch dieser Baustelle dürfen wir uns nicht nähern, der Aufpasser deutet barsch nach Norden. Nicht auszudenken, wenn hier ein Unglück geschähe. In den Augen der arabischen Massen könnten nur Agenten des Zionismus hinter einer solchen Schandtat stehen.

Die Juden steigen ein paar Stufen zum Felsendom hoch, dort bleiben sie stehen. Das achteckige Bauwerk wurde 691 unter dem Kalifen Malik Ibn Marwa genau dort errichtet, wo einst der große Tempel, das zentrale Heiligtum der Juden, stand. Das Oberrabbinat hat verfügt, dass der heilige Grund, den einst nur der Hohepriester betreten durfte, auch nicht versehentlich durch Unbefugte verunreinigt werden soll. Die vergoldete Kuppel, die weithin sichtbar in der Sonne glänzt, ruht mit ihren 26 Metern Durchmesser auf zwölf Pfeilern und 28 Säulen. Sie prangt auf palästinensischen Teppichen und Gemälden, Briefköpfen und »Märtyrer«-Plakaten – ein Symbol des Kampfes wie vor 800 Jahren das rote Kreuz auf weißem Grund, das die christlichen Kreuzritter auf ihren Eroberungszügen ins Heilige Land trugen. »Dieses hässliche Bauwerk kriegen wir noch weg«, sagt der Jerusalemer Jude. »Dann werden wir hier einen schönen neuen Tempel bauen.«

Je länger dieser Rundgang dauert, umso mehr habe ich das Gefühl, dass die drei mich nicht mehr dabeihaben wollen. An der Nordseite des Tempelbergs kommen wir an einer *medresa* vorbei, einer islamischen Schule für Jungen. Gruẞlos gehen die Juden an Aufpassern, Reinigungskräften und einer Gruppe von Kindern vorbei, die auf dem Platz davor Volleyball spielen. »Hier lernen sie, die Juden zu hassen«, sagt der Jerusalemer noch auf Englisch. Dann wechselt er ins Hebräische, das seine Gäste im Gegensatz zu mir wohl doch so halbwegs verstehen. Ich kapiere, danke und sage »*good bye*«.

Ich gehe alleine nochmal dahin zurück, wo der Spaziergang begonnen hat. Eine Gruppe von Japanern ist gerade angekommen. Ein Pärchen stellt sich Händchen haltend vor der Al-Aqsa-Moschee auf, um sich fotografieren zu lassen. »Händchen halten verboten«, ruft einer der Aufpasser streng. Durch das Polizistenspalier schlüpfe ich ins Gewühl der Altstadt zurück.

Donnerstag, 27. November

Omnibus fahren und auswärts essen – beides geht in Jerusalem an die Nerven. Jede gefüllte Plastiktüte erntet Röntgenblicke, draußen an den Haltestellen und drinnen im Busgang. Am zentralen Busbahnhof, der in ein Einkaufszentrum integriert ist, stellen die Wachleute auch noch Fragen zum Woher und Wohin. Alle größeren Restaurants haben am Eingang Kontrollen errichtet. Bullige Männer mit schnarrenden Suchgeräten tasten den Körper ab. Auf Einkaufsstraßen wie Ben Jehuda patrouillieren Scharen von uniformierten und nicht uniformierten Leuten. Die Angst ist allgegenwärtig.

Kapitel 21
Mufti gegen Rabbi
Die Macht der Schriftgelehrten

*»Siehst du den, der sein Gelüste zu seinem Gott nimmt?
Willst du ihm Anwalt sein?«*
KORAN 25, 45

Wieder einmal ist eine Fatwa ergangen. Eine Art islamisches Rechtsgutachten, das verbindlich ist für jeden gläubigen Muslim. Die neueste Fatwa stammt von Scheich Ikremah Sabri, dem Imam der Al-Aqsa-Moschee, zugleich Mufti von Jerusalem und allen palästinensischen Gebieten. Kein Muslim, so heißt es darin, darf an den Bauarbeiten für den israelischen Sicherheitszaun mitwirken. So verkündete es der »Entscheider«, was das arabische Wort *mufti* auf Deutsch bedeutet, in seiner Predigt zum dreitägigen Fest Id al-Fitr, mit dem der Fastenmonat Ramadan zu Ende gegangen ist. Wieder einmal bekommt die Politik durch die Religion ihre höheren Weihen.

Sabris Amt und Sabris Worte stehen in einer langen Tradition. In den zwanziger Jahren des 20. Jahrhunderts stachelte Amin al-Husseini als Großmufti von Jerusalem die arabischen Massen zum Dschihad auf, zum »Heiligen Krieg« gegen die ständig wachsende Zahl jüdischer Einwanderer. Der Gottesmann scheute sich 1941 nicht, mit Adolf Hitler in Berlin zusammenzutreffen und mit dem ärgsten aller Judenfeinde Pläne für ein »judenreines« Palästina zu schmieden, falls die deutschen Truppen von Norden über den Kaukasus und von Süden her über Nordafrika in den Nahen Osten vordrängen. Er blieb bis zu seinem Tod 1974 ein erbitterter Feind des Staates Israel.

Husseinis Neffe ist Jassir Arafat. Der hat Sabri 1994 zum Mufti ernannt. Eine Trennung von Staat und Kirche hat es im Heiligen Land nie gegeben, weder auf israelischer noch auf palästinensischer Seite. Im Jahr 2000, sieben Jahre nach dem Oslo-Abkommen, das den Weg zu einem friedlichen Nebeneinander bahnen sollte, lobte er die jugendlichen Selbstmordattentäter mit dem Satz: »Je jünger ein Märtyrer ist, umso größer ist mein Respekt vor ihm.« Zugleich pries er alle Eltern, die »ihren Nachwuchs für die Sache der Freiheit opfern. Es ist ein großer Beweis für die Macht des Glaubens.«

Sabri residiert an der Nordwestecke des Tempelberges. Er empfängt mich weltlich gekleidet, nur für meine Fotos muss es die Amtstracht sein, ein Kaftan mit weißem Fes. Seine Sekretärin, das Haar vorschriftsmäßig verhüllt, ist die Dolmetscherin. Sabri lächelt freundlich, wenn er spricht. Doch die Worte sind hart. Ich frage nach seinen Gründen für die neueste Fatwa. »Dieser Zaun liegt auf arabischem Land«, sagt er. »Selbst wenn es sich nicht um ein Sperrwerk, sondern um eine Moschee handelte – sie müsste wieder weg, falls sie unbefugter Weise errichtet worden wäre.«

»Sie vermengen Religion und Politik.«, sage ich.

»Der Islam ist eine umfassende Religion«, entgegnet er. »Sie schützt die Rechte der Menschen und durchdringt alle Bereiche des menschlichen Lebens. Jede Religion muss sich gegen Ungerechtigkeiten wenden. Und dieser Zaun verletzt die Rechte der Menschen.« Der Islam, so präzisiert er, schützt fünf wesentliche Bereiche: den Glauben, die Liebe, das Geld, die Produktion und jede menschliche Kreativität.

»In Europa«, sage ich, »wird ein Bischof ganz schön kritisiert, wenn er sich auf diese Weise in die Politik einmischt.«

»Ich wiederhole«, antwortet er, »der Zaun steht auf arabischem Boden. Daher müssen wir Muslime uns damit beschäftigen. Es geht um die legitimen Rechte der Palästinenser. Das ist nicht nur eine politische, sondern auch eine religiöse Frage.«

»Laufen Sie nicht Gefahr«, frage ich, »als Werkzeug der Politiker angesehen zu werden?«

»Ich unterstehe nicht der Autorität irgendeines Politikers«, ist seine Antwort. »Ich tue nur meine Pflicht. In einer Fatwa geht es um religiöse Grundsätze – ob die Schlussfolgerungen den Politikern gefallen oder nicht.«

»Wer sich an diese Fatwa hält«, sage ich, »wird seinen Job verlieren. Wer sich nicht an die Fatwa hält, muss um sein Leben fürchten. Es gibt hier zu Lande genügend Leute, die sich gern zum Richter aufspielen.«

»Ich gebe eine Fatwa nicht im Hinblick darauf heraus, ob man sich daran halten wird oder nicht«, entgegnet er. »Ausschlaggebend sind allein religiöse Gründe.«

»Ist es denn«, insistiere ich, »moralisch gerechtfertigt, jemanden umzubringen, der sich nicht an die Fatwa hält?«

Sein freundliches Gesicht wird finsterer. Er weicht aus. »Warum reden Sie so viel über das Töten? Töten – das mag eine Strafe für einen Mörder sein. Es gibt auch andere Strafen.«

»Aber es ist«, sage ich, »auf jeden Fall eine Sünde, eine Fatwa zu missachten?«

»Ein Mufti hat keine exklusive Autorität«, sagt er. »Er gibt nur Orientierungshilfen. Jeder Muslim muss das letztlich selber mit Gott ausmachen.« Der Mufti blickt auf die Uhr. Die Interview-Zeit ist um. Sein Lächeln zum Abschied ist so freundlich wie zuvor.

Wenige Tage später geistert das nächste islamische Dekret durch die Presse. In dieser Fatwa der Vereinigung palästinensischer Religionswissenschaftler heißt es, die Rückkehr aller Flüchtlinge und Vertriebenen von 1948 und 1967 an ihre Heimatorte, die heute zu Israel gehören, sei ein »historisches und legitimes Recht«. Kein Muslim dürfe ein Abkommen unterzeichnen, in dem dieses Recht nicht erwähnt werde. Ich frage mich wieder, was das mit dem Islam zu tun hat.

Diese Fatwa ist gegen gemäßigte Palästinenser gerichtet, die mit linken und liberalen Israelis das Genfer Abkommen geschlossen haben, gedacht als Modell für einen offiziellen Friedensschluss. Die israelischen Truppen sollen demnach die besetzten Gebiete bis auf zwei jüdische Großsiedlungen räumen – und die Palästinenser dafür auf ihr Rückkehrrecht nach

Israel verzichten. Laut einer Umfrage vom Juli 2003 möchten ohnehin nur durchschnittlich zehn Prozent der Palästinenser zurück. Aber in einem Rechtsgutachten geht es um das Recht. Wer es in Frage stellt, ist ein Verräter.

So mauern sich auch auf jüdischer Seite die Gegner eines Kompromisses ein. Als Antwort auf die Oslo-Verträge von 1993 verboten 250 Rabbiner »eine Abgabe jeglichen Teils des Landes Israel an Fremde« – wobei Israel nach ihrer Definition das ganze Heilige Land umschließt. 1999 aktualisierten mehrere Dutzend militante Rabbiner dieses Dekret. Sie riefen zum Widerstand gegen die Räumung jüdischer Siedlungen in den besetzten Gebieten auf. Die Gruppe, der sie angehörten, hatte den dramatischen Namen Pikuach Nefesch – zu Deutsch »Rettung der Seele«.

Im Jahr 2001 standen Ehud Barak und Jassir Arafat, gedrängt von Bill Clinton, kurz vor einem Abkommen über die Zukunft Jerusalems und die Einrichtung eines Palästinenserstaates. Da erklärte der Rat der Obersten Rabbiner, das jüdische Recht verbiete es, »die Souveränität oder Eigentümerschaft über den Tempelberg an Fremde zu übertragen«. Denn auf diesen heiligen Berg hätten die Juden »ein religiöses, souveränes, moralisches und historisches Recht«.

Fast wortgleich, nur mit umgekehrten Vorzeichen, hatte Scheich Sabri argumentiert. Und hinzugefügt, zum ewig muslimischen Tempelberg gehörten auch die Klagemauer und der Platz davor. Es war, wie üblich, wieder eine Fatwa.

Freitag, 28. November

Es ist drei Uhr am Nachmittag. Jede Woche sammeln sich um diese Zeit franziskanische Mönche im muslimischen Viertel von Jerusalem. Sie gehen den Kreuzweg, die gleiche Strecke, die Jesus laut Evangelium vor 2000 Jahren ging. Ein paar Nonnen gesellen sich hinzu, ein paar Dutzend Gläubige, eine Hand voll Neugierige, auch ich. Wir ziehen die Via Dolorosa entlang, mitten durch die Jerusalemer Altstadt, vorbei an arabischen Händlern und jüdischen Soldaten, an verschleierten Frauen und Kindern mit Spielzeuggewehren aus Plastik. In orientalische Schlagermusik, die aus den Läden dringt, mischen sich das »Vaterunser« und das »Gegrüßet seist du Maria«, gebetet von drei Mönchen in lateinischer, englischer und arabischer Sprache. Es sind 14 Stationen bis zur Grabeskirche, die im christlichen Viertel liegt. 14 Stationen Toleranz. Das geht, weil Christen hier nur noch Zeugen des Konfliktes sind. Nicht Worte als Waffen, sondern Worte statt Waffen.

Kapitel 22
Leiden und lieben
Streifzug durch die Altstadt

»Wenn ein Mensch sich nicht selber richtet, richten ihn Dinge, und alle Dinge werden die Boten Gottes.«
NACHMAN VON BRESLOV, CHASSIDISCHER RABBINER

Knapp 200 Kilometer bin ich schon gelaufen. In Jerusalem kommen noch ein paar Dutzend dazu. Ich steige auf den Herzlberg, wo der geistige Vater Israels, Theodor Herzl, begraben liegt. 1949, ein Jahr nach der Staatsgründung, wurden seine sterblichen Überreste von Österreich in »seinen« Judenstaat überführt, wie es sich der Zionistenführer in seinem Testament gewünscht hatte. Ich streife durch Jad Vaschem, die Gedenkstätte des Holocaust. Ich schlendere durch das Stadtviertel Mea She'arim, es wirkt wie ein osteuropäisches Schtetl vor der Vernichtung durch die Nazis. Hier verbarrikadieren sich streng orthodoxe Juden vor dem Geist der neuen Zeit und sprechen noch das anderswo ausgestorbene Jiddisch, eine Mischung aus Deutsch, Russisch, Polnisch und Hebräisch. Ich pilgere durch den Garten Gethsemane hinauf auf den Ölberg. Hier betete, wie die Evangelisten berichten, Jesus in seinen letzten schweren Stunden vor der Kreuzigung. Die Kapelle Dominus Flevit, von ihrem Baumeister gestaltet wie eine Stein gewordene Träne, steht an der Stelle, wo Jesus auf Jerusalem sah und beim Anblick der Stadt zu weinen begann – weil er voraussah, dass sie zerstört werden würde.

Jeder Gang durch die Altstadt ist ein erregender Vorstoß in die Geschichte. Das muslimische Viertel ist ein einziger orientalischer Basar. Das jüdische Viertel wimmelt von Thora- und Talmudschulen. Im christlichen Viertel drängen sich Kirchen und Klöster, Schulen und Waisenhäuser. 43 christliche Konfessionen sind in Jerusalem vertreten. Im armenischen Viertel erinnern Plakate an den Völkermord, den die Türken dort 1915 straflos begingen. All das wird von einer Mauer umschlossen, die 1537 unter osmanischer Herrschaft fertig gestellt wurde – als sollten alle künftigen Generationen gezwungen werden, auf engstem Raum irgendwie miteinander auszukommen.

Ich steige mit einer aus der Schweiz stammenden Führerin, die für das Islamische Museum tätig ist, auf die Dächer der Altstadt. Im Schnittpunkt aller vier Viertel kann man in der Tat über die Häuser laufen. Esther Janes, aufgewachsen in St. Gallen, lebt seit 22 Jahren in Jerusalem. Sie studierte Islamistik und Arabistik in Zürich, wollte dann an der Hebräischen Universität Jerusalem noch drei Semester anhängen, um ihren Magister zu machen. »Ich spürte, dies hier ist meine Stadt«, sagt sie. »Alles, was ich bis dahin erlebt hatte, floss hier zusammen.« Sie konvertierte zum Judentum.

Wir sitzen auf einem Mauerstück und lassen die Blicke schweifen. Das goldene Dach des Felsendoms blinkt in der

Sonne wie eine Fata Morgana. Doch wenn ich versuche, mich ihm mit dem Zoom meiner Kamera zu nähern, geraten mir fast immer irgendwelche Zäune oder Gitter oder Wachtürmchen ins Bild. »Dies ist die komplizierteste Stadt der Welt«, sagt Janes. »Ein Konglomerat von Verrückten. Es gibt hier keinen Stein, in dem nicht mindestens zwei bis drei Geschichten stecken.« Wo in der Welt gäbe es ein besseres Experiment für religiöse Toleranz? Müsste diese Stadt nicht einen Sonderstatus haben, der sie über alle anderen Städte erhebt?

Es gab einmal zwei Männer, die sich an die Lösung herantrauten. Dafür bekamen sie beide 1993, nach Abschluss des Oslo-Abkommens, den Friedensnobelpreis. Der eine war Israels Premierminister Jitzhak Rabin. Er wurde 1995 von einem jüdischen Fanatiker ermordet, der sich von Gott berufen fühlte, ihn für seinen »Verrat« zu bestrafen. Der andere war Jassir Arafat.

Wir steigen wieder hinab in den Alltag. Es gibt auch noch ein »Galizisches Viertel«, benannt nach jener osteuropäischen Region, die vor dem Zweiten Weltkrieg besonders stark von Juden geprägt war. Treppen und Gassen, Häuser und Höfe sind hier so ineinander verschachtelt, dass man leicht die Orientierung verliert. Wir treffen einen Araber, der, wie er stolz erwähnt, schon die Hadsch nach Mekka unternommen hat. Er wohnt im Erdgeschoss eines Hauses, direkt über ihm eine jüdische Familie. Friedliches Miteinander, das Musterbeispiel für die ganze Stadt? »Nein«, sagt der Mann, seinen Namen will er nicht nennen. »Die Juden über uns machen ständig Lärm. Sie werfen ihre

Abfälle direkt vor unserem Fenster auf die Straße. Einer der zwölf arabischen Familien, die in diesem Viertel wohnen, haben sie sogar die elektrischen Leitungen weggerissen.« Wir blicken nach oben. Alle Fenster der jüdischen Wohnung sind vergittert. Niemand ist zu Hause. Sonst hätten wir vermutlich ähnliche Geschichten über die arabischen Nachbarn gehört.

Also doch besser eine Teilung? Von Berlin, Brüssel oder Washington aus sagt sich das leicht. Aber wie soll man Grenzen durch die Altstadt ziehen, die nicht Lunten für neue Gewalt sind? Das Genfer Abkommen der Friedensbereiten sieht vor, dass der Tempelberg unter muslimischer, Klagemauer und Tunnel aber unter jüdischer Kontrolle bleiben sollen. Dass der Archäologische Park an der Südseite des Tempelbergs, wo Ausgrabungen stattfinden, in zwei gleich große Stücke zerschnitten wird. Dass das Geschichtsmuseum in der Davidszitadelle neben dem Jaffator zwar auf palästinensischem Gebiet stehen, aber im Besitz und unter der Verwaltung Israels bleiben soll. Wie aber soll der Zugang zu dem ältesten jüdischen Friedhof gewährleistet werden, der am Ölberg, mitten im palästinensischen Gebiet liegt? Die militantesten Juden möchten an diesem Ort begraben werden, gegenüber dem zugemauerten »Goldenen Tor« in der Ostmauer des Tempelbergs. Denn nach ihrer Überzeugung wird am Jüngsten Tag der Messias durch dieses Tor erscheinen, und wer dort ruht, wird zu den Ersten gehören, die seiner Herrlichkeit teilhaftig werden. Die Altstadt von Jerusalem ist voller Tücken und Fallen und gordischer Knoten, die eben nicht mit einem Schwertschlag durchzuhauen sind.

Zum Abschluss steigen wir auf die Stadtmauer. »Die Araber mögen ja verhandeln und Verträge schließen«, sagt Esther Janes mit Blick auf die Stadt, um die seit 3000 Jahren gerungen wird. »Aber über diesen Boden hier kann ein Muslim gar nicht verhandeln. Für ein muslimisches Herz kann hier nie ein anderer Staat als Palästina sein.« Jedes Land, wo einmal eine Umma, eine muslimische Gemeinschaft, gewesen sei, bleibe nach islamischer Rechtsauffassung auf ewig muslimisches Land – ob nun die Kreuzritter im Mittelalter oder die Juden in der Gegenwart es in Besitz genommen hätten. »Araber haben Geduld«, sagt die studierte Islamistin. »Sie denken in Jahrhunderten.«

Ich bleibe unwillkürlich stehen. »Dann können wir ja gleich alle Verhandlungen vergessen«, sage ich. »Verträge sind nur Taktik? Nur ein Warten auf einen günstigeren Moment?«

»Genau«, sagt sie. »Es gibt keine Lösung. Es wird nie eine Lösung geben. Es sei denn, es geschieht ein Wunder – das Heilige Land ist ja das Land der Wunder.«

Ich schlucke. »Warum leben Sie dann hier?«, frage ich.

»Wenn ich dieses Land nicht so liebte«, antwortet sie, »wäre ich längst weg. Aber ich bin berauscht von dieser Stadt, ich bin ihr verfallen.«

Ich nicke stumm. »Man kann erklären, wieso man etwas hasst«, sagt die Frau. »Aber man kann nicht erklären, wieso man etwas liebt. Liebe lässt sich nicht erklären.«

Freitag, 28. November

Ein Treffen im »Novotel«. Das ist ein ganzes Stück von meiner Unterkunft in der Altstadt entfernt. Der Sabbatabend naht. In ganz Israel fährt kein Bus mehr, Taxis kassieren jetzt einen saftigen Zuschlag. Ich beschließe, auch diesmal zu Fuß zu gehen. Scharen von orthodoxen Juden tun das Gleiche. Sie kommen aus allen Vierteln Jerusalems, um an der Klagemauer zu beten. Wie Gespenster huschen die schwarz gekleideten Gestalten durch die Finsternis. Autos, die an ihnen vorbeifahren, stören die gebotene Sabbatruhe. »Schabbes!«, rufen sie wütend auf Jiddisch. »Buschah!«, fügen einige hinzu, »Schande!«.

Kapitel 23
Frieden im Herzen
Besuch bei einem Sufi

»Doch Gott entfernt, was Satan einstreut.«
KORAN 22, 51

Dieser Muslim hat etwas Besonderes. Ich konnte es noch nicht genau benennen, als ich ihn vor gut zwei Wochen bei Nebi Musa das erste Mal traf. Ich sah nur seine Augen, hörte ein paar Sätze von ihm und spürte den Drang, länger mit ihm zu reden. Damals führte er eine Gruppe von Angestellten des spanischen Konsulats in Jerusalem zu dem angeblichen Mosesgrab. Er gab mir seine Visitenkarte und freute sich, als ich mich nach meiner Ankunft in Jerusalem meldete.

Er wohnt in der Via Dolorosa. Seine Hausnummer steht über keiner Tür. Aber die Leute hier kennen ihn alle. Ich steige eine Treppe hoch, laufe über ein ebenes Dach, stehe vor einer geschlossenen Eisentür, dahinter verzweigt sich der Weg über Stufen nach links und rechts wieder nach unten. Dies hier ist ein ganzer Komplex von Wohnungen. Neugierig folgen mir zwei Kinder und ein Hund. Ich frage nach Scheich Abdul Asis Buchari. Sie drücken für mich auf eine Klingel, das Tor springt auf.

Der Scheich hat so etwas wie eine gute Stube für seine Gäste. Viele Bücher stehen dort, und an der Wand hängen Bilder seiner usbekischen Vorfahren, die vor einem halben Jahrhundert aus Buchara nach Jerusalem kamen. Es gibt Tee und Teiggebäck mit Datteln, eine Spezialität zum Ende des Fastenmonats Ramadan. Und dazu seine Weisheiten, die schlicht, ja geradezu naiv klingen. Aber sind die Sätze deswegen falsch?

»Wenn dein Herz nicht voll von Gottesliebe ist«, sagt er, »dann hat es Platz für das Böse. Wenn Finsternis in deinem Herzen herrscht, dann erzeugt das Zorn, und Zorn erzeugt Gewalt. Du kannst keinen Frieden machen, wenn in dir selber kein Frieden ist.«

Buchari ist Sufi. Der Sufismus ist eine mystische Strömung im Islam, die sich schon in den ersten Jahrhunderten nach Mohammed bildete. Es hat im Lauf der Geschichte viele verschiedene Schulen gegeben. Ein Sufi strebt danach, die Kluft zwischen Mensch und Gott zu überwinden. Er will die Selbstsucht besiegen, sucht nach Askese und Ekstase. Ein Sufi hat keinerlei politischen Ehrgeiz: »Wir sind dazu da, Gott zu dienen«, sagt der Scheich.

Im Heiligen Land aber klingt fast alles politisch, was ein Gottesmann sagt. Hier gibt es das heilige Erbe auf der einen und den heiligen Krieg auf der anderen Seite, hier wird um Rituale und Symbole gekämpft, hier sind aus Rechtsgelehrten Rechthaber geworden. So haben Bucharis Worte eine seltsame Aktualität, auch wenn aufgeklärte muslimische Theologen den Sufismus als Relikt einer versunkenen Epoche ablehnen. »Gott hat uns drei große Bücher gegeben«, sagt der Scheich. »Die Bibel, die Thora und den Koran. Ich habe sie alle drei gelesen. Ihr Inhalt ist zu 80 Prozent gleich und nur zu 20 Prozent verschieden. Warum treiben uns ständig die 20 Prozent um – und nicht die 80 Prozent?«

Der 55-jährige ist kein stiller Grübler, der den ganzen Tag nur über Büchern sitzt. Er ging 1970 in die USA, heiratete dreimal und machte so ziemlich alles, was Einwanderer dort tun, um auf die Beine zu kommen. Er war Küchenjunge und Koch, Taxifahrer und Tankstellenpächter, Bäcker und Bauarbeiter, Teppichreiniger, Gemüseladen- und Restaurantbesitzer, bis er schließlich zum erfolgreichen Franchise-Unternehmer avancierte. Doch nach 20 Jahren der Rackerei bekam er es plötzlich mit dem Herzen. Als er im Krankenhaus durch die Flure gerollt wurde und an der Decke des Operationssaals die Lampen sah, die auf ihn gerichtet waren, wusste er nicht, ob er überleben würde. Er fragte sich: »Wenn ich jetzt sterbe, was habe ich eigentlich vorzuweisen? Gott hat mir das Leben geschenkt, aber was habe ich für ihn getan?« Die ehrliche Antwort lautete: »99 Prozent habe ich für mich, nur ein Prozent für Gott getan.«

Diese Bilanz vor der Narkose brachte die Wende. Als Buchari die Operation überstanden hatte, packte er seine Sachen und ging zurück nach Jerusalem. »Wer etwas erreichen will, strengt sich an, ob Doktor oder Direktor, Minister oder Ingenieur«, sagt er. »Ich will erreichen, dass ich nach dem Tod in den Himmel komme. Also, sagte ich mir, muss ich etwas dafür tun.«

In Jerusalem hatte seine Familie ein Grundstück mit Häusern. Hier konnte er sich um seine Mutter und Großmutter kümmern, eine kleine Moschee einrichten und sein Haus zum Haus der offenen Tür machen. Hunderte von Gästen kommen jedes Jahr, um mit ihm zu plaudern, zu beten oder sich von ihm durch die Stadt führen zu lassen. Sein Gästebuch, das er für mich aufschlägt, enthält Eintragungen voller Dankbarkeit, auf Englisch und Spanisch, Französisch und Italienisch, Türkisch und Japanisch, Arabisch und Hebräisch. Sein Geld verdient er als Mitarbeiter des spanischen Konsulats. »Ansonsten ist dies hier mein neues Leben«, sagt er. »Jedes Lächeln bringt einen dem Himmel einen Schritt näher.«

Scheich Abdul Asis Buchari mit seinem Gästebuch

Buchari erzählt mir eine Geschichte, die ich so schnell nicht vergessen werde. In Chicago lebte er in einem zehnstöckigen Wohnblock mit 20 Apartments – zehn auf der linken und zehn auf der rechten Seite, in der Mitte fuhr der Aufzug. Die Menschen standen stumm darin, blickten krampfhaft aneinander vorbei und erschraken, wenn er »*good morning*« und »*good evening*« sagte. Es dauerte einen Monat, bis der Erste zurückgrüßte. Buchari kochte gern, jeder, der sich dem Apartment des Scheichs näherte, konnte es riechen. Nach drei Monaten lud er seinen Nachbarn das erste Mal zum essen ein. Der stocherte anfangs skeptisch in den exotischen Gerichten und saß am Ende mit glänzenden Augen da. Der Wohnblock hatte einen Swimmingpool für alle. Als Nächstes beschloss er, seine Kochkünste auch am Pool zu demonstrieren und Grillpartys zu veranstalten. Nach einem Jahr hatte der Sufi geschafft, was noch niemand in diesem Haus geschafft hatte: Alle Mieter kannten sich, und alle redeten miteinander. »Ich sah mit ihnen zusammen im Fernsehen Football und Baseball«, sagt er, »dabei verstand ich nicht das Geringste von diesen Sportarten. Aber das war völlig egal. Die Hauptsache war, wir saßen zusammen.« Zwei seiner Nachbarn waren amerikanische Juden – er, der Muslim aus Jerusalem, brachte ihnen Hebräisch bei.

Mein Besuch bei Buchari geht zu Ende, meine Wanderung durch das Heilige Land auch. Ich trotte zurück durch die Via Dolorosa. Und hadere damit, dass offenbar immer die falschen Leute regieren.

Chronik

Von Abraham bis Arafat

Das 4000-jährige Ringen
um das Heilige Land

Vor der Zeitenwende

Um 1800
Abraham verlässt mit Familie und Dienerschaft seine Heimatstadt Ur in Mesopotamien. Laut Bibel zieht er auf Gottes Geheiß ins Land Kanaan westlich des Jordans. Mit seinem Sohn Isaak lebt er dort als nomadischer Rinder- und Schafzüchter. In einer Zeit der Vielgötterei zerschlägt er die Götzenstatuen seines Vaters. Als Belohnung für den Glauben an den einzigen Gott Jahwe (»Heil«) sollen die Nachkommen das »Gelobte Land« erben und zu einem großen Volk werden.

Um 1750
Nach seinem erfolgreichen Ringen mit einem Engel wird dem Patriarchen Jakob, Abrahams Enkel, verkündet, sein Name sei von nun an Israel (»Gott möge herrschen«). Jakob hat zwölf Söhne, jeder wird zum Vater und Namensgeber eines Stammes. So wächst das neue Volk Israel aus zwölf Stämmen zusammen: Ruben, Simeon, Levi, Juda, Dan, Naphtali, Gad, Aser, Issakar, Zabulon, Josef, Benjamin. Eine Hungersnot zwingt die Israeliten, nach Ägypten auszuwandern. Ihre Zahl wächst dort so stark, dass der Pharao um seine Macht fürchtet. Er lässt sie versklaven.

Um 1560
Zehn Plagen, so die Bibel, zwingen den Pharao, die Israeliten freizulassen. Unter Führung von Moses und Aaron ziehen Hunderttausende in einer 40-jährigen Wüstenwanderung zurück ins Land Kanaan. Am Berg Sinai erneuert Gott den mit Abraham geschlossenen Bund und überreicht Moses auf zwei Steintafeln die zehn Gebote. Die Israeliten legen sie in die Bundeslade, einen eigens dafür angefertigten goldenen Kasten aus Akazienholz. Von nun an feiern sie die historischen Ereig-

nisse mit jährlichen Festen: Passah erinnert an den Auszug aus Ägypten, das Laubhüttenfest an die provisorischen Behausungen nach dem Aufbruch, Schawuot an die Offenbarung am Sinai. Die Stiftshütte wird zu einem mobilen Gotteshaus: ein transportables Zelt, das sich überall aufschlagen lässt.

Um 1500
Unter Moses' Nachfolger Josua erobern die Israeliten das Land Kanaan und teilen es unter den zwölf Stämmen auf. »Sie schlugen alle Menschen mit der Schärfe des Schwertes«, heißt es im Buch Josua, »bis sie sie ausgetilgt hatten, und nichts ließen sie übrig, das Odem hatte.« Nach und nach werden sie sesshaft, bauen Zisternen und Eisenwerkzeuge. Jahrhundertelang werden sie jedoch von Nachbarvölkern angegriffen.

1020
Die ständige Bedrohung von außen veranlasst die zwölf Stämme, einen gemeinsamen Herrscher zu küren. König Saul wird zum ersten Monarchen des Volkes Israel. Er kann die Feinde zwar nicht völlig besiegen, sie jedoch an der Mittelmeerküste auf Distanz halten. In einer Schlacht gegen die Philister, das aggressivste Feindvolk, besiegt David, ein junger Hirte aus Bethlehem, den Riesen Goliath mit einer Steinschleuder.

1004
Saul stirbt. Nach seinem Tod wird David zum König von Juda gekrönt. Zunächst ist Hebron die Hauptstadt. Ein paar Jahre später erobert David Jerusalem, verlegt dorthin die Bundeslade und seinen Palast. Nach der endgültigen Unterwerfung der Philister formt er ein zusammenhängendes Reich, dessen Grenzen er bis zum Euphrat und nach Ägypten ausdehnt.

965
Nach Davids Tod macht König Salomo das Land zu einer großen Handelsnation, deren Schiffe bis nach Spanien fahren. Er befestigt zahlreiche Städte, schafft Verwaltungsbezirke und einen effizienten Beamtenapparat.

955
In Jerusalem wird der Erste Tempel eingeweiht, im Allerheiligsten die Bundeslade aufgestellt. Die Stadt wird dadurch auch zum geistigen Zentrum des Reiches.

926
Innere Spannungen führen nach Salomos Tod zur Spaltung des Landes. Die zwei Südstämme Benjamin und Juda halten dem Haus David die Treue, Salomos Sohn Rehabeam regiert das Reich Juda mit der Hauptstadt Jerusalem. Die zehn Nordstämme machen Jero-

beam I. zum Herrscher über das Königreich Israel mit Sichem, dann Penuel, dann Tirza, schließlich Samaria als Hauptstadt.

732
Damaskus und große Teile Israels werden von den Assyrern erobert.

722
Nach dreijähriger Belagerung fallen auch die Hauptstadt Samaria und das restliche Israel in die Hände der Assyrer.

627
Mit dem Tod des Herrschers Assurbanipal beginnt der rasche Verfall des assyrischen Reiches.

625
Babylonien löst sich aus der assyrischen Herrschaft.

605
Die Babylonier beginnen mit der Eroberung des Reiches Juda. Unter Nebukadnezar II. erreicht ihr Imperium die größte Ausdehnung.

587
Jerusalem wird von den Babyloniern erobert, der Erste Tempel niedergebrannt. Die Bundeslade geht verloren. Unter Nebukadnezar II. werden die Israeliten deportiert. Doch auch im babylonischen Exil halten große Teile des Volkes an dem einzigen Gott Jahwe fest.

Dadurch entwickelt sich eine explizit monotheistische Religion.

539
Perserkönig Kyros der Große erobert das Babylonische Reich und entthront dessen letzten Herrscher Nabonid.

538
Den Juden, wie sie nun genannt werden, wird die Heimkehr gestattet. Ein Teil von ihnen hat sich assimiliert und bleibt. Die Nicht-Angepassten verstehen sich von nun an als Träger der jüdischen Tradition.

515
In Jerusalem wird der Zweite Tempel errichtet. Judäa ist zunächst noch der unter persischer Herrschaft stehenden Provinz Samaria zugeordnet.

458
Der Schriftgelehrte Esra beginnt eine Kampagne zur Reform des Kultes im Sinn einer streng orthodoxen Frömmigkeit, die sich an der Praxis im babylonischen Exil orientiert: Mischehen werden aufgelöst, die Beschneidung eingeführt, die Sabbatruhe sowie viele Speise- und Reinheitsgebote verkündet. Der Gottesdienst findet nicht mehr im Tempel, sondern in der Synagoge statt. Das Studium der Thora (»Gesetz«) wird allgemeine Pflicht.

445
Nehemia, Statthalter des Perserkönigs, setzt die Selbstständigkeit Judäas gegenüber Samaria durch. Unter seiner Herrschaft beginnt die größte Rückwanderungswelle von Juden. Nach seinem Tod stehen Hohepriester und ein Hoher Rat, das Synedrion, an der Spitze des theokratischen Staates.

334
Alexander der Große beginnt mit einem Heer von 35 000 Mann seinen Krieg gegen die Perser. Nach und nach erobert er den Vorderen Orient.

332
Die Seefestung Tyrus und Gaza werden von Alexanders Truppen eingenommen. Die Juden und alle Nachbarvölker kommen unter seine Herrschaft.

331
In der Schlacht bei Gaugemala wird der letzte Perserkönig Darius III. geschlagen. Alexander lässt sich zum »König von Asien« ausrufen und setzt seinen Eroberungszug nach Osten fort.

323
Alexander stirbt. Um sein Erbe brechen die Diadochenkämpfe aus.

281
Mit der Schlacht bei Kurupedion gehen die Diadochenkämpfe zu Ende. Die hellenistische Staatenwelt wird in drei Reiche aufgeteilt: Die Antigoniden regieren über Mazedonien, die Seleukiden über Syrien, Persien und Mesopotamien, die Ptolemäer über Ägypten und das Heilige Land. Die Juden können ihre Religion zunächst ungehindert ausüben.

175
Der Seleukidenkönig Antiochus IV. Epiphanes will mit Hilfe hellenisierender Juden die jüdische Autonomie einschränken, die Ausübung der jüdischen Religion bei Todesstrafe verbieten und einen Teil des Tempelschatzes zur Sanierung der Staatsfinanzen benutzen. Er fordert zur Teilnahme an syrisch-hellenistischen Kulten im Tempel auf, was die streng gläubigen Juden als »Götzendienst« empfinden.

168
Unter Führung von Judas Makkabi und seiner vier Brüder rebellieren die orthodoxen Juden. Unter ihm und seinen drei Söhnen Mattathias, Jonathan und Simon steigen die Makkabäer zur führenden Dynastie der Juden auf.

161
Nach dem Tod von Judas Makkabi erobert Mattathias Jerusalem und weiht den Tempel neu. Jonathan wird zum Hohepriester und Regenten Judäas ernannt.

141
Simon erkämpft die Unabhängigkeit Judäas. Das Ereignis wird fortan mit dem Chanukka-Fest gefeiert.

135
Nach dem Machtantritt von Johannes Hyrkan bilden sich verschiedene Religionsparteien heraus: die priesterlich-aristokratischen Sadduzäer, apokalyptische und revolutionäre Gruppen wie die Essener, militante Zeloten und Sikarier. Die »realpolitischen« Pharisäer, meist gebildete Angehörige der Mittelschicht, werden von den extremen Gruppen heftig kritisiert. Trotz Abgrenzungsversuchen öffnet sich das Judentum der dominierenden griechischen Kultur. Die hebräische Bibel wird ins Griechische übersetzt, im ganzen Mittelmeerraum entstehen jüdische Siedlungen.

64
Das Römische Reich dehnt sich nach Osten aus. Der Feldherr Gnaeus Pompejus setzt den letzten Seleukidenherrscher Philipp II. ab.

63
In Judäa herrscht ein Bürgerkrieg um die Thronnachfolge. Römische Truppen greifen ein, Pompejus erobert Jerusalem. Judäa wird dem römischen Gouverneur der Provinz Syria unterstellt.

44
Nach der Ermordung Cäsars verbündet sich ein Teil der Juden mit den Parthern, die von Persien her ins Heilige Land einfallen, und übernimmt für kurze Zeit wieder die Macht in Jerusalem.

37
Herodes wird vom römischen Senat zum König von Judäa ernannt. Er erobert Jerusalem zurück, lässt den Tempel neu und größer bauen. Außerdem errichtet er die Festungen Massada und Herodion, die Städte Caesarea und Sebaste. Er lässt den letzten männlichen Makkabäer umbringen, heiratet in die Dynastie des Hohepriesters Hyrkan II. und sichert so seine Herrschaft sowohl gegen die Parther als auch gegen die jüdische Opposition. Er tastet die jüdischen Kulte nicht an, unterdrückt aber brutal jedes Aufbegehren.

4
Nach Herodes' Tod wird das Reich unter seinen Söhnen Archelaus,

Philippus und Herodes Antipas aufgeteilt.

Nach der Zeitenwende

6

Archelaus wird von Rom seines Amtes enthoben und nach Gallien verbannt. Judäa und Samaria werden einem römischen Statthalter direkt unterstellt. Der jüdische Hohe Rat ist nur noch für religiöse und zivilrechtliche Angelegenheiten zuständig. Der Widerstand unter den Juden wächst.

26

Mit dem Amtsantritt des römischen Statthalters Pontius Pilatus und dessen grausamer Herrschaft häufen sich blutige Tumulte. Jüdische Gruppen propagieren die Ankunft des Messias als des großen Erlösers von Rom. In diese Zeit fällt das erste öffentliche Auftreten von Jesus Christus, Verkünder und Gründer des Christentums, der die jüdischen Heilslehren radikalisiert: Der laut Bibel in Bethlehem geborene Sohn von Josef und Maria aus Nazareth predigt das »Reich Gottes«, das mit seiner Menschwerdung angebrochen, jedoch nicht von dieser Welt sei.

Um 30

Jesus wird in Jerusalem gekreuzigt, weil er sich angeblich zum »König der Juden« gemacht hat. Nach seinen eigenen Worten wollte er die Schuld aller Menschen auf sich nehmen, um sie dadurch wieder mit Gott zu versöhnen. Laut Bibel steht er drei Tage nach seiner Hinrichtung von den Toten auf. Die vier Evangelisten Markus, Matthäus, Lukas und Johannes berichten Jahrzehnte danach – teils widersprüchlich – über sein Leben und Wirken im Heiligen Land. Die christliche Lehre verbreitet sich im ganzen Mittelmeerraum.

66

Die Juden erheben sich erneut gegen die römische Herrschaft. Nach anfänglichen Erfolgen mehren sich die Niederlagen.

70

Titus, Sohn des römischen Kaisers Vespasian, erobert Jerusalem und zerstört den Zweiten Tempel. Hunderttausende von Juden kommen um, viele werden als Sklaven verkauft. Ganze Städte und Dörfer werden zerstört, Felder verbrannt, drückende Steuern auferlegt.

73

Mit Massada am Toten Meer fällt die letzte Festung der aufständischen Juden nach zweijähriger Belagerung durch 15 000 Legionäre. Die verbliebenen 967 Verteidiger begehen Selbstmord, um den Römern nicht lebend in die Hände zu fallen.

132
Wegen Kaiser Hadrians Plan, Jerusalem zu einer römischen Kolonie zu machen und an Stelle des zerstörten Tempels ein Jupiter-Heiligtum zu errichten, bricht ein neuer Aufstand der Juden aus. Sein Anführer Simon Ben Kosiba erhält den Beinamen »Bar Kochba« (»Sternensohn«). Nach seiner Eroberung Jerusalems wird er zum Messias ausgerufen. Drei Jahre lang regiert er Judäa.

135
Der Bar-Kochba-Aufstand wird von einem großen römischen Heer niedergeschlagen, der jüdische Freiheitsheld fällt im Kampf um die Festung Bethar. Um jede Erinnerung an die jüdische Geschichte zu tilgen, wird Judäa in Palästina (»Philisterland«) umgetauft. Nach römischem Brauch wird Jerusalem mit dem Ochsenjoch gepflügt und in Aelia Capitolina umbenannt. Juden dürfen die Stadt nicht mehr betreten. Viele von ihnen leben von nun an in der Verbannung, genannt »Diaspora«. Sie behalten aber ihr Eigenleben als Volksgruppe und religiöse Gemeinschaft. Die Synagoge wird zum Zentrum der verstreuten Gemeinden, die Sehnsucht nach Jerusalem zum wichtigen Bestandteil der täglichen Gebete.

138
Das Rabbinertum in Palästina wird neu geordnet. Der Patriarch wird zum wichtigsten, auch von Rom anerkannten Schulhaupt. Er kassiert von den Juden eine Kronsteuer, übt Polizeigewalt aus, setzt Richter und rabbinische Lehrer ein und kontrolliert die Neumondtermine, an denen sich der jüdische Kalender orientiert.

Um 220
In Tiberias am See Genezareth wird die Mischna zusammengestellt, das mündlich überlieferte Gesetz der Juden. Mit dem jüdischen Geistesleben verstärkt sich auch wieder eine Besiedelung des Heiligen Landes. Vor allem in Galiläa entstehen prachtvolle Synagogen.

324
Der römische Kaiser Konstantin besiegt seinen letzten Widersacher Licinius und wird dadurch zum Alleinherrscher. Als glühende Anhänger des Christentums sehen er und seine Mutter Helena in der christlichen Herrschaft über Palästina die Erfüllung der Evangelien. Sie fördern die Ansiedlung von Pil-

gern. Die Juden werden diskriminiert und erstmals zu einer Minderheit in ihrem Land.

361
Mit der Machtübernahme durch Kaiser Julian Apostata schöpfen die Juden neue Hoffnung. Roms Herrscher will das Christentum zurückdrängen und den Hellenismus wieder aufleben lassen. Er verspricht, den Tempel in Jerusalem wieder aufzubauen. Doch schon nach drei Jahren Regierungszeit wird er ermordet.

425
Kaiser Theodosios II. hebt das Synedrion als jüdische Zentralinstanz auf. Die gesamtjüdische Führung fällt dadurch den Juden Babyloniens zu. Auch das Amt des Patriarchen wird abgeschafft. Es hat seit längerer Zeit durch innerjüdische Querelen und einen Verfall an Gelehrsamkeit gelitten.

451
Durch Beschluss des Konzils von Chalkedon wird Jerusalem zum christlichen Patriarchat erhoben.

527
Justinian wird Kaiser des Oströmischen (Byzantinischen) Reiches. Unter ihm erreicht die Verfolgung der Juden durch Christen einen Höhepunkt.

570
In Mekka auf der arabischen Halbinsel wird Abu l-Kasim geboren. Als Mohammed (»Der Gepriesene«) wird er zum Gründer des Islam. Auf seinen Reisen als Kaufmann lernt er das Juden- und Christentum kennen. Zunehmend beschäftigen ihn Fragen der menschlichen Sünde und des göttlichen Gerichts.

610
Der byzantinische Kaiser Heraklios erlässt ein Gesetz, wonach alle Juden christlich getauft werden müssen.

Um 610
Mohammed glaubt sich zum Gesandten Gottes berufen. Er ist überzeugt, göttliche Mitteilungen zu erhalten. Als Letzter der Propheten sieht er seine Mission darin, die Religion Abrahams wiederherzustellen. Er macht den Freitag zum wöchentlichen Ruhetag und führt den Fastenmonat Ramadan ein.

614
Die Juden verbünden sich mit persischen Truppen, die gegen Byzanz kämpfen. 20 000 jüdische Kämpfer erobern zusammen mit den Persern Jerusalem. Als Rache für die erlittenen Demütigungen zerstören sie christliche Kirchen und bauen ihre Kultstätten wieder auf.

617

Die Perser ziehen sich aus Jerusalem zurück.

629

Nach einer Niederlage gegen Byzanz verlassen die Perser das Heilige Land. Kaiser Heraklios entfesselt neue Judenmorde und vertreibt die Überlebenden aus Jerusalem.

630

Mohammed erobert Mekka. Die dortige Kaaba wird zum Mittelpunkt seiner Religion und zum Ziel der großen Pilgerreise (Hadsch), die jeder Muslim mindestens einmal im Leben unternehmen soll.

632

Mohammed stirbt. Er sah sich stets nur als »Knecht Gottes«, dennoch ranken sich um ihn schon bald viele Legenden. So fuhr er angeblich nachts von Jerusalem in den Himmel auf, um dort mit Abraham, Moses und Jesus zu beten; danach kehrte er wieder auf die Erde zurück. Mohammeds Ende markiert zugleich den Anfang der arabischen und islamischen Expansion.

634

25 000 Araber dringen ins Heilige Land ein und beginnen, Jerusalem zu belagern.

637

Unter Kalif Omar erobern die Araber Jerusalem. Sie geben der Stadt den Namen El-Quds (»Das Heiligtum«). Den Truppen folgen muslimische Siedler, die im Heiligen Land neue Städte bauen. Unter den meisten nun folgenden muslimischen Herrschern gelten Juden und Christen als »geschützte Völker«; sie genießen religiöse und wirtschaftliche Freiheit.

653

Kalif Othman Ibn-Affan lässt die göttlichen Mitteilungen an Mohammed, die teils vor, teils nach dessen Tod aufgezeichnet wurden, zu einem verbindlichen Einheitstext redigieren: dem Koran.

691

Kalif Abd al-Malik lässt in Jerusalem auf dem jüdischen Tempelberg den Felsendom erbauen. Dessen vergoldete Kuppel wird zum Wahrzeichen der Stadt.

714

Kalif Abdul Walid lässt auf dem Tempelberg in Jerusalem die Al-Aqsa-Moschee errichten. Sie erinnert an Mohammeds wundersame Nachtreise in den Himmel, die in der 17. Koransure beschrieben ist.

1048
In Jerusalem wird der Überlieferung nach von christlichen Kaufleuten ein Hospital für Pilger und Kranke gegründet. Die Leitung übernimmt eine Bruderschaft. Aus ihr geht der Johanniterorden hervor, der erste geistliche Ritterorden.

1054
Der jahrhundertelange Entfremdungsprozess zwischen der abendländischen Kirche und den vier orientalischen Patriarchaten Konstantinopel, Alexandria, Antiochia und Jerusalem gipfelt in dem morgenländischen Schisma des Christentums. Wegen Uneinigkeiten über den Primat des Papstes sowie kirchenrechtliche und -disziplinäre Fragen trennen sich die Katholische Kirche und die Ostkirchen.

1071
Jerusalem und der größte Teil des Heiligen Landes werden von den Seldschuken erobert, einem türkischen Volk, das den Islam angenommen hat. In der Folge verschlechtern sich die Lebensbedingungen. Zahl und Zusammenhalt der jüdischen Bevölkerung schwinden.

1095
Auf dem Konzil von Clermont ruft Papst Urban II. zum »Heiligen Krieg« gegen den Islam auf. Er will Palästina für die Christenheit zurückgewinnen und dadurch die Wiedervereinigung der christlichen Kirchen unter dem Dach des Vatikans erreichen. Sein Aufruf findet in Europa begeisterten Widerhall. Neue Orden wie die Kreuzherren und der Ritterorden entstehen.

1096
Unter Führung des Herzogs Gottfried von Bouillon beginnt der erste Kreuzzug. Die mehr als 50 000 Kämpfer, vor allem aus Frankreich und Süditalien, tragen ein rotes Kreuz auf der Schulter. Sie haben den Kreuzfahrereid geleistet und dafür einen Nachlass kirchlicher Bußstrafen für begangene Sünden erhalten. In Palästina leben zu dieser Zeit rund 300 000 Juden. Der Hass der Kreuzritter richtet sich auch gegen sie, weil sie für Christi Tod verantwortlich gemacht werden. In Europa, vor allem im Rheinland, gibt es Ausschreitungen gegen Juden. Angestachelte Mobs bezeichnen sie als Hexen und Brunnenvergifter und geben ihnen die Schuld an Pestseuchen.

1098
Die Kreuzritter schlagen die Seldschuken bei Antiochia am Orontes.

1099
Die Kreuzritter erobern Jerusalem, richten ein Massaker unter den 40 000 jüdischen und muslimi-

schen Einwohnern an. »Nie sah man je einen solchen Berg toter Heiden«, notiert ein anonymer Augenzeuge. »Man errichtete gewaltige Scheiterhaufen, und Gott allein kennt ihre Zahl.« Die meisten Überlebenden werden als Sklaven verkauft. Gottfried lässt sich zum »Vogt des Heiligen Grabes« wählen.

1100
Nach Gottfrieds Tods wird dessen Bruder Balduin zum König von Jerusalem erhoben. Rund um das Heilige Land entstehen zahlreiche miteinander rivalisierende Kreuzfahrerstaaten. Jährlich kommen bis zu 10000 christliche Pilger nach Jerusalem.

1144
Die fränkische Grafschaft Edessa im nördlichen Mesopotamien wird von Muslimen eingenommen. Als Reaktion ruft der Zisterziensermönch Bernard von Clairvaux zum zweiten Kreuzzug auf.

1147
Beginn des zweiten Kreuzzugs. Er scheitert zwei Jahre später auf dem Marsch durch Kleinasien nach mehreren verlustreichen Schlachten.

1179
Auf Beschluss des 3. Laterankonzils ist es Juden untersagt, vor Gericht als Kläger oder Zeuge gegen Christen aufzutreten.

1187
Der ägyptische Sultan Saladin schlägt die Kreuzfahrer bei den Hörnern von Hittim in Galiläa und erobert Jerusalem für die Muslime zurück. Nach dem Zusammenbruch des christlichen Königreichs bilden sich in Palästina Kleinstaaten: Damaskus, Gaza, Kerak, Safed.

1189
Beginn des dritten Kreuzzugs. Sein Führer, Kaiser Friedrich I. Barbarossa, ertrinkt im Fluss Salef in Kleinasien.

1191
Die Kreuzfahrer erobern die Stadt Akko an der Küste Palästinas und machen sie zur Hauptstadt ihres Staates, der aus einem schmalen Küstenstreifen besteht.

1192
Nach einem Friedensvertrag erhalten die Kreuzfahrer das Recht zur Pilgerfahrt nach Jerusalem. Zwischen dem französischen König Philipp II. Augustus und dem englischen König Richard Löwenherz brechen Streitereien aus.

1198
In Palästina wird der Deutsche Orden gegründet. Er führt seinen

Kreuzzug im deutschen Osten gegen die heidnischen Prußen und Litauer.

1202
Beginn des vierten Kreuzzugs. Gegen den Willen seines Initiators, Papst Innozenz III., lenken ihn die Venezianer nach Konstantinopel, der Hauptstadt des Byzantinischen Reiches. Christen kämpfen gegen Christen.

1204
Das Byzantinische Reich wird zerschlagen und an dessen Stelle ein Lateinisches Kaiserreich unter venezianisch-französischer Führung errichtet.

1215
Das 4. Laterankonzil ruft alle weltlichen Behörden auf, »die Ketzer auszurotten«. Juden sollen zum Tragen eines Erkennungszeichens gezwungen werden. Sie dürfen weder als Beamte, noch als Handwerker oder Bauern arbeiten. So konzentrieren sie sich auf den Geldhandel, was den Hass auf sie noch steigert.

1228
Beginn des fünften Kreuzzugs. Sein Führer, Kaiser Friedrich II., erreicht sein Ziel kampflos: Nach Verhandlungen mit dem ägyptischen Sultan Al-Kamil kommt es zur Freigabe der christlichen Pilgerstätten Nazareth und Jerusalem; dort bleibt nur der Tempelberg unter muslimischer Verwaltung.

1229
Friedrich II. lässt sich zum König von Jerusalem krönen.

1244
Turkmenen, von den Mongolen aus ihrem Stammland vertrieben, erobern Jerusalem. Sie sind Söldner des neuen ägyptischen Sultans.

1248
Beginn des sechsten Kreuzzugs. König Ludwig IX. (»der Heilige«) und sein Heer werden in Ägypten gefangen genommen und erst gegen ein hohes Lösegeld freigelassen.

1250
Die Mamelucken, ursprünglich Militärsklaven türkisch-kaukasischer Herkunft, ergreifen in Ägypten die Macht. Mehr als zwei Jahrhunderte lang dominieren sie den Nahen Osten. Seuchen, Erdbeben und hohe Steuern vergrößern dort die Armut und zwingen viele zur Auswanderung. Palästina wird zu einer fast menschenleeren Provinz.

1260
Die Kreuzritter verbünden sich mit den Mamelucken gegen die anstürmenden Mongolen. Sie schlagen die Reiterhorden in Galiläa. Ihre Macht ist dennoch im Schwinden.

1267
Laut Beschluss der Bischofssynode von Breslau werden Juden gezwungen, getrennt von Christen in Ghettos zu leben.

1270
Beginn des siebten und letzten Kreuzzugs. Nach dem Tod König Ludwig IX. wird das Unternehmen schon in Tunis abgebrochen.

1286
Kaiser Rudolf lässt Juden ins Gefängnis werfen, weil sie versuchten, ins Heilige Land auszuwandern.

1291
Die Stadt Akko fällt an den Mamelucken-Herrscher Baybars. Damit geht die letzte christliche Bastion in Palästina verloren. Aber auch Juden gibt es kaum mehr in der Region.

1434
Laut Beschluss des Konzils von Basel ist es Juden nicht erlaubt, akademische Titel zu erlangen.

1488
In Jerusalem wohnen nur noch 4000 Familien, darunter ganze 70 jüdischer Herkunft.

1492
Nach dem Fall der letzten Mauren-Bastion Granada werden alle Juden aus dem nunmehr streng christlichen Spanien vertrieben.

1516
Der Osmanen-Herrscher Selim I. (»der Strenge«) erobert Palästina und Jerusalem. Er lässt die alten Stadtmauern und das Damaskustor wieder aufbauen und verstärkt den Davidsturm. Damit beginnt eine 400-jährige Herrschaft der Türken.

1520
Selims Sohn Suleiman (»der Prächtige«) teilt Palästina in vier Distrikte auf: Jerusalem, Safed, Nablus und Gaza. Eine gut organisierte und tolerante Verwaltung führt zu wachsendem Wohlstand. Die Bevölkerungszahl verdoppelt sich auf 300 000. Viele Juden, vor allem aus Spanien, lassen sich in Safed nieder. Die aufblühende Handels- und Gewerbestadt wird zum Mittelpunkt jüdischer Lehre und Mystik.

1554
Josef Karo vollendet in Safed sein Gesetzbuch jüdischen Rechts.

1566
Nach dem Tod Suleimans lockert sich die Disziplin in der osmanischen Armee. Stammesführer und Räuberbanden beherrschen von nun an Palästina. Jerusalem bleibt dennoch ein geistiges Zentrum der Juden.

1798
Das Osmanische Reich verfällt immer mehr. Daher setzt die Bevöl-

kerung Palästinas große Hoffnungen auf den Einfall des französischen Herrschers Napoleon nach Ägypten und ins Heilige Land.

1799
Nach Niederlagen in Syrien kehrt Napoleon in die Heimat zurück.

1801
Die ägyptische Expedition der Franzosen ist nach einer Niederlage gegen britische Truppen endgültig gescheitert. Palästina wird zu einer vernachlässigten und verwüsteten Provinz, beherrscht von Plünderern und Wegelagerern.

1818
Der amerikanische Präsident John Adams erklärt: »Ich wünsche den Juden wirklich in Judäa einen unabhängigen Staat.«

1831
Der Offizier Mohammed Ali reißt in Ägpten die Macht an sich und vertreibt die Osmanen aus Palästina. Durch Reformen in Wirtschaft und Verwaltung weckt er das Interesse europäischer Mächte an der Region.

1836
Der deutsche Rabbi Zwi Kalischer appelliert an die französische Bankiersfamilie Rothschild, das Heilige Land, Jerusalem oder wenigstens das Gebiet um den einstigen Tempel zu erwerben.

1840
Mit Beistand aus Europa schlagen die Türken Mohammed Ali zurück, der Konstantinopel erobern wollte. Auch Palästina kommt wieder unter die Kontrolle der Osmanen. Der Sultan gerät aber in immer größere Abhängigkeit von westlichen Mächten. Der Earl of Shaftesbury erarbeitet detaillierte Pläne für die Ansiedlung von Juden in Palästina unter britischer Schirmherrschaft aus.

1841
Orson Hyde, ein amerikanischer Mormonenpriester, besucht Jerusalem. Am Gipfel des Ölbergs spricht er das Land den Juden zu.

1843
In seinem Buch *Die dritte Erlösung* schreibt Rabbi Juda Alkalai aus der Nähe von Belgrad, die Erlösung der Juden müsse durch menschliches Handeln erfolgen – und zwar mit Hilfe einer weltweiten Organisation des Judentums.

1851
Der italienische Philosoph und Politiker Benedetto Musolino spricht sich für eine Ansiedlung von Juden in Palästina aus, um so europäische Kultur in den Orient zu tragen.

1857
In London wird ein Fonds zur Erforschung Palästinas gegründet.

1862
Der deutsche Schriftsteller Moses Hess, Hauptvertreter des »philosophischen Sozialismus«, behauptet in seinem Buch *Rom und Jerusalem*, die Juden seien »das letzte nationale Problem«; es müsse durch eine »nationale Renaissance« gelöst werden. Er sieht einen Judenstaat als Keimzelle für eine Sozialisierung und damit Befreiung der ganzen Menschheit.

1868
Zwischen Jaffa und Jerusalem wird die erste Straße für Wagen mit Rädern gebaut.

1870
In Mikveh Israel wird die erste Landwirtschaftsschule eröffnet.

1875
Henri Dunant, Gründer des Roten Kreuzes, ruft in London eine Gesellschaft zur Besiedlung Palästinas ins Leben.

1880
Unter dem Namen Chibbat Zion (»Liebe zu Zion«) gründen sich die ersten zionistischen Gruppen in Europa. Das Wort »Zion« meinte ursprünglich nur einen Hügel in Jerusalem, nach und nach aber das ganze biblische Land.

1881
In Osteuropa und Russland herrschen antijüdische Pogrome. In Russland kommt es nach der Ermordung von Zar Alexander II. zu den schwersten Ausschreitungen gegen Juden, die als Hintermänner verdächtigt werden. Immer mehr Juden geben die *haskala* auf: den Versuch, sich im Vertrauen auf den Geist der Aufklärung an die christliche Kultur der Gastländer anzupassen. Eine jüdische Nationalbewegung wächst heran. Das hebräische Wort *alija* (»Aufstieg«) wird zum Synonym für die sich anbahnende Einwanderungsbewegung. Der jüdische Gelehrte Elieser Ben Jehuda kommt nach Palästina. Er stellt ein alt- und neuhebräisches Wörterbuch zusammen und verwandelt so die biblische in eine lebendige Sprache.

1882
Erste *alija*: Mit einer von Chibbat Zion organisierten Einwanderungswelle kommen mehrere Tausend Siedler nach Palästina. Dort leben zu diesem Zeitpunkt fast eine halbe Million Araber – die Mehrheit Muslime, eine Minderheit Christen. Reiche Juden aus Westeuropa wie Sir Mosche Montefiori, Baron Maurice de Hirsch und die Familie Rothschild spenden in den folgenden Jahren etwa fünf Millionen Dollar für Palästina. In den folgen-

den 20 Jahren wandern 25 000 Juden nach Palästina ein.

Leo Pinsker, ein Arzt aus Odessa, verlangt in seiner Broschüre *Auto-Emanzipation* die »Schaffung einer jüdischen Nationalität, eines Volkes, das auf seinem eigenen Boden lebt«. Die Juden sollten Geld sammeln, um sich eine neue Heimat zu kaufen.

1892
Die erste Eisenbahnlinie verbindet Jaffa und Jerusalem.

1894
In Frankreich wird der jüdische Artilleriehauptmann Alfons Dreyfus lebenslang auf die Teufelsinsel vor Französisch-Guyana verbannt, weil er Militärgeheimnisse an die Deutschen verraten haben soll – eine Beschuldigung mit gefälschten Beweisen, wie sich bald herausstellt. Die von antisemitischen Ausschreitungen begleitete Affäre endet erst zwölf Jahre später mit Dreyfus' Rehabilitierung.

1896
Der jüdische Journalist Theodor Herzl, der über den Dreyfuss-Prozess berichtet, wird durch diesen Fall zu seiner Schrift *Der Judenstaat* veranlasst. Darin analysiert er die Ursachen des Judenhasses und kommt zu dem Schluss, dass die Juden nur in einem eigenen Land sicher sein können. »Wir sind ein Volk – ein einziges Volk.« Selbstbewusst schreibt er: »Wenn Seine Majestät der Sultan uns Palästina gäbe, könnten wir uns dafür anheischig machen, die Finanzen der Türkei gänzlich zu regeln.«

1897
Theodor Herzl organisiert den 1. Zionistenkongress in Basel. Danach schreibt er in sein Tagebuch: »In Basel habe ich den Judenstaat gegründet. Wenn ich das heute laut sage, würde mir ein universelles Gelächter antworten. Vielleicht in fünf Jahren, jedenfalls in fünfzig Jahren wird es jeder einsehen.«

1899
In der Region um Tiberias führen jüdische Landkäufe zu ersten Spannungen zwischen Arabern und Juden.

1900
Herzl setzt auf die Engländer. Den 4. Zionistenkongress beruft er nach London ein. Er äußert die Hoffnung, dass »England, das freie England, Herrscher über alle Meere, unser Anliegen verstehen wird«. Die britische Regierung möchte in der Tat die östlichen Zugänge zum Suezkanal sichern. Sie schlägt daher die Ansiedlung von Juden in der nördlichen Sinai-Wüste vor. Der Plan scheitert, weil es zu wenig

Wasser und kaum Land gibt, das
für künstliche Bewässerung geeignet ist.

1901
Auf dem 5. Zionistenkongress wird
der Jüdische Nationalfonds gegründet. Er erwirbt Sumpfland und
unbebaute Landstriche wie das Jesreel-Tal, das Hügelland in Galiläa
und die Zugangsrouten nach Jerusalem. Jüdische Siedler machen das
Ödland urbar.

1902
Herzl veröffentlicht seinen Roman
Altneuland, in dem er einen fiktiven jüdischen Staat schildert. Einen
palästinensischen Araber lässt er
darin sagen: »Die Juden haben uns
bereichert, sie leben mit uns wie
Brüder; warum sollen wir sie nicht
lieben?«

1903
In Russland beginnt eine neue
Welle antijüdischer Ausschreitungen. Der britische Kolonialsekretär
Joseph Chamberlain präsentiert
einen »Uganda-Plan«: In Britisch-Ostafrika sollen autonome jüdische
Siedlungen entstehen. Der 6. Zionistenkongress beschließt, eine
Untersuchungskommission nach
Uganda zu schicken.

1904
Zweite *alija*: In den folgenden zehn
Jahren kommen 40 000 Juden nach
Palästina, meist Kinder verarmter
Händler und Handwerker. Sie sind
in der Mehrheit sozialistische Zionisten und glauben, harte manuelle
Arbeit werde die jüdische Volksseele vom bisherigen »parasitären«
Dasein reinigen. Herzl stirbt mit
nur 44 Jahren.

1905
Der 7. Zionistenkongress verwirft
den »Uganda-Plan«. Er beschließt,
sich von nun an nur noch mit einer
Ansiedlung in Palästina zu beschäftigen.

1906
England verspricht Ägypten die
Sinai-Halbinsel. Sie soll von dem
kränkelnden Osmanischen Reich
abgetrennt werden, das formal
noch den Nahen Osten beherrscht.
Die marxistische Partei Poalei Zion
(»Arbeiter Zions«), die es schon in
Russland gibt, gründet einen Ableger in Palästina. Anführer sind
David Ben Gurion und Jitzhak Ben
Zwi. Ihr Ziel ist die Schaffung einer
»jüdischen Gesellschaft im Land
Israel auf sozialistischer Grundlage«.

1907
Auf dem 8. Zionistenkongress in
Den Haag wird ein Unternehmen
gegründet, das in Palästina Land
für jüdische Siedler aufkaufen soll.

1909
An Palästinas Mittelmeerküste wird Tel Aviv als rein jüdische Vorstadt von Jaffa gegründet. Am See Genezareth entsteht mit dem Kibbuz Degania die erste jüdische Gemeinschaftssiedlung. Als erste jüdische Verteidigungsorganisation soll Ha-Schomer die neuen Siedlungen und Felder schützen. Hebräisch wird zur Sprache der jüdischen Gemeinschaft.

1913
In Paris tagt der 1. Arabische Nationalkongress. Die Teilnehmer fordern eine arabische Autonomie innerhalb des Osmanischen Reichs.

1914
In Palästina leben 85 000 Juden und 600 000 Araber. Nach Ausbruch des Ersten Weltkriegs sind dort alle zionistischen Aktivitäten verboten. Zwangsrekrutierungen, Zwangsarbeitsdienst, drückende Steuern sowie die Beschlagnahme von Nahrungsmitteln und Besitz durch die herrschenden Türken treiben viele Juden aus dem Land.

1916
Der britische Hochkommissar in Ägypten, Henry McMahon, sichert dem Emir von Mekka, Scherif Hussein I. Ibn Ali, die Errichtung eines großarabischen Reichs zu. Fast zur gleichen Zeit aber teilen Frankreich und England im Sykes-Picot-Abkommen den Nahen Osten untereinander in Einflusszonen auf. Für Palästina ist eine internationale Verwaltung vorgesehen.

1917
Britische Truppen unter dem Kommando von General Edmund Allenby erobern Palästina von den Türken. Damit enden 400 Jahre osmanischer Herrschaft über das Gebiet. Der britische Außenminister Arthur Balfour sichert dem Zionistenführer Baron Edmond James de Rothschild zu, seine Regierung betrachte »mit Wohlwollen eine nationale Heimstätte in Palästina für das jüdische Volk« (Balfour-Deklaration). Anteil der Juden an der Bevölkerung Palästinas: acht Prozent.

1918
Eine zionistische Kommission mit Vertretern aus England, Frankreich, Italien und den USA trifft in Palästina ein. In Jerusalem feiern die Juden den Jahrestag der Balfour-Deklaration. Als Reaktion wird in Jaffa ein Bund der Muslime und Christen gegründet – der Vorläufer der palästinensischen Nationalbewegung.

1919
Dritte *alija*: In den folgenden fünf Jahren kommen 35000 jüdische Einwanderer nach Palästina, größ-

tenteils aus Russland und Polen. Die meisten sind Mitglieder zionistisch-sozialistischer Jugendbewegungen. Sie haben bereits Hebräisch gelernt und landwirtschaftliche Kurse absolviert. Sie schaffen den Kibbuz, das egalitäre Genossenschaftsdorf.

Zionistenführer Chaim Weizmann unterzeichnet mit dem arabischen Führer Emir Feisal eine Vereinbarung »eingedenk der rassischen Verwandtschaft und alten Bande, die zwischen den Arabern und dem jüdischen Volk bestehen«. Der Vertrag fordert »alle notwendigen Maßnahmen (...), um die Einwanderung von Juden nach Palästina in großem Stil zu ermutigen und anzuspornen«.

1920
Eine Konferenz arabischer Staaten in Damaskus proklamiert ein unabhängiges Großsyrien (einschließlich Palästina, Libanon und Transjordanien) unter König Feisal I.. Als Reaktion vertreiben französische Truppen den Herrscher und besetzen ganz Syrien. Der Völkerbund überträgt Frankreich das Mandat über Syrien und England das Mandat über Palästina – mit der Auflage, die Balfour-Deklaration in die Tat umzusetzen. Die zionistische Weltorganisation wird »als eine angemessene Vertretung der Judenheit« (Jewish Agency) anerkannt, »zum Zweck der Beratung und Zusammenarbeit in Angelegenheiten, die die jüdische Bevölkerung in Palästina betreffen«. Von London aus hält die Jewish Agency Kontakt zum Völkerbund und zur britischen Regierung. Von Jerusalem aus leitet sie, zusammen mit dem im selben Jahr gegründeten Nationalrat (Vaʿad Leumi), die Einwanderung, Ansiedlung, Aufforstung und landwirtschaftliche Forschung. Unter dem Gewerkschafts-Dachverband Histadrut bilden sich Tochterunternehmen wie die Baugesellschaft Sole Boneh, die Krankenkasse Kupat Cholim, die landwirtschaftliche Vertriebsgenossenschaft Tnuva, die Bank Hapoalim und die Warenhauskette Hamaschbir.

Im Jesreel-Tal und am oberen Jordan legen jüdische Pioniere Sümpfe trocken, in Galiläa bauen sie Straßen durch das Bergland. Amin al-Husseini, der Leiter des Arabischen Jugendclubs, organisiert die ersten landesweiten Demonstrationen gegen die Balfour-Deklaration. Im nördlichen Galiläa greifen Araber jüdische Siedlungen an. Als Reaktion wird die jüdische Militärorganisation Haganah gegründet.

1921

Der britische Hochkommissar Herbert Samuel setzt im Gebiet östlich des Jordans Abdullah Ibn Hussein als Emir von Transjordanien ein. London bestimmt aber weiterhin die Außenpolitik des arabischen Lands. Amin al-Husseini wird zum Großmufti von Jerusalem, ein Jahr später zum Präsidenten des Obersten Muslimrates ernannt – in der Hoffnung, dadurch den mächtigsten palästinensischen Familienklan zu besänftigen. Al-Husseini aber nützt seine Macht, um die Muslime noch stärker aufzustacheln. Seine Losung lautet: Dschihad (»Heiliger Krieg«).

Auf dem 12. Zionistenkongress wird der Palästina-Grundfonds Keren Hayesod gegründet. Er sammelt Gelder von Juden aus aller Welt für die Entwicklung des Wohnungswesens und der Fernmeldeeinrichtungen in Palästina.

1922

Der 13. Zionistenkongress schlägt versöhnliche Töne gegenüber den Arabern an. »Wir haben den Wunsch, mit dem arabischen Volk in einem Verhältnis der Eintracht und der gegenseitigen Achtung zu leben und im Bunde mit ihm die gemeinsame Wohnstätte zu einem blühenden Gemeinwesen zu machen, dessen Ausbau jedem seiner Völker eine ungestörte nationale Entwicklung sichert.«

1924

Vierte *alija*: In den folgenden vier Jahre kommen 67 000 Juden nach Palästina. Die meisten sind polnische Mittelständler oder Freiberufler, mehr individualistisch und marktwirtschaftlich orientiert. Wladimir Jabotinsky gründet die Union der Zionisten-Revisionisten. In der straff organisierten Jugendbewegung Beitar formieren sich noch radikalere Rechtszionisten. Sie alle fordern eine Politik der Härte gegenüber den Arabern. Ihnen müsse, argumentiert Jabotinsky, »unmissverständlich klar gemacht werden, dass in Palästina nur die Juden Souveränität besäßen, und dass sie selber dort nur als nationale Minderheit geduldet würden«.

1925

In Jerusalem öffnet die Hebräische Universität ihre Tore. Für deren Gründung hat sich vor allem der Physiker Albert Einstein eingesetzt.

1929

Fünfte *alija*: Aus Furcht vor jüdischer Dominanz bricht in Jerusalem ein Aufstand der Araber aus. Die Unruhen greifen auf Hebron und Safed über. 133 Juden werden getötet, mehr als 300 verletzt. London verhängt einen einstweiligen Einwanderungsstopp und schränkt den Landverkauf an Juden ein. Die Kluft zwischen Links- und Rechtszionisten wird größer.

Die Jewish Agency gewinnt renommierte Persönlichkeiten als Förderer: in Deutschland den Physiker Albert Einstein, in England den Industriellen Sir Alfred Mond, in Frankreich den Bankier Edmond de Rothschild und Sozialistenführer Leon Blum, in den USA den Verfassungsrechtler Louis Marshall.

1933
Nach dem Beginn der nationalsozialistischen Herrschaft in Deutschland steigt die Zahl jüdischer Einwanderer nach Palästina sprunghaft an. Schon bis Ende des Jahres kommen 37337 Immigranten.

1935
Die Zahl jüdischer Einwanderer in Palästina erreicht den Jahresrekord von 66472. Seit Beginn der fünften *alija* sind es insgesamt 150000.

1936
In Palästina leben 400000 Juden. Die Araber rebellieren erneut gegen die Einwanderung. Die Briten reduzieren die für dieses Jahr vorgesehene Quote um mehr als zwei Drittel.

1937
Eine britische Kommission unter Lord Robert Peel schlägt eine Teilung Palästinas vor. Ein Drittel des Mandatsgebiets, Galiläa und der fruchtbare Küstenstreifen, soll den Juden zufallen, Judäa, Samaria und der Negev den Arabern. Für einen Korridor von Jaffa bis Jerusalem soll das britische Mandat weiter bestehen. Der Zionistenkongress in Zürich billigt den Plan, die Araber lehnen ihn ab. Sie fordern stattdessen einen einheitlichen Staat mit Minderheitsrechten.

1938
In der »Reichskristallnacht« vom 9. auf den 10. November zerstören nationalsozialistische Aktivisten jüdische Synagogen in Deutschland. Unter dem Namen Mossad l'Alija Bet wird eine Organisation für die illegale Einwanderung von Juden nach Palästina gegründet. Bis 1948 bringt sie rund 115000 Siedler heimlich ins Land. 51000 illegale Immigranten werden von den Briten gestoppt und auf Zypern interniert.

1939
Die Briten begrenzen die jüdische Einwanderungsquote für die nächsten fünf Jahre auf insgesamt 75000. Nach Ablauf dieser Frist soll es Immigration nur noch mit arabischer Zustimmung geben. Ein jüdi-

scher Staat wird von London abgelehnt. In zehn Jahren soll ein unabhängiger palästinensischer Staat gebildet werden – die Araber hätten in ihm die überwältigende Mehrheit. Militante zionistische Untergrundbewegungen wie Irgun und Lehi verüben Attentate auf britische Einrichtungen.

1941
Alle Juden in Deutschland und den von der Wehrmacht besetzten Gebieten müssen einen gelben Stern als Erkennungszeichen tragen. Hitler empfängt den Großmufti von Jerusalem und äußert, Deutschlands Ziel sei »die Zerstörung des jüdischen Elements, das sich in der arabischen Sphäre unter dem Schutz britischer Macht einquartiert hat«.

1942
Auf der Wannseekonferenz in Berlin beschließt die Nazi-Regierung eine »Endlösung« für die im deutschen Machtbereich lebenden Juden.

1944
Frankreich entlässt sein Mandatsgebiet Syrien in die Unabhängigkeit.

1945
Ägypten, Syrien, Libanon, Transjordanien, Irak, Saudi-Arabien und Jemen gründen in Kairo die Arabische Liga. Sie soll die Zusammenarbeit der arabischen Länder verstärken sowie als Vermittler und Schlichter bei Streitigkeiten unter ihnen auftreten.

In den kommenden drei Jahren landen 65 Schiffe mit illegalen jüdischen Einwanderern in Palästina. Die meisten sind Überlebende des Holocaust.

1946
Großbritannien erkennt die volle Unabhängigkeit des arabischen Staats Transjordanien an. Nach einer britischen Razzia bei der Jewish Agency verüben Irgun-Aktivisten mit 350 Kilo TNT einen Sprengstoffanschlag auf das King David Hotel in Jerusalem, den Sitz des britischen Militärkommandos. 91 Menschen verlieren ihr Leben, 45 werden verletzt.

1947
London gibt sein Palästina-Mandat an die Vereinten Nationen zurück. Anteil der Juden an der Bevölkerung Palästinas: gut 30 Prozent. Die UN-Vollversammlung stimmt mit 33 gegen 13 Stimmen bei zehn Enthaltungen einem Teilungsplan zu. Danach sollen die Juden 56,47 Prozent, die Araber 43,53 Prozent des Mandatsgebiets erhalten, und Jerusalem soll unter internationale Verwaltung kommen. Die Palästinenser lehnen den Plan ab.

1948
Einen Tag vor Ablauf der britischen Mandatsherrschaft rufen die Juden den Staat Israel aus, der einen Großteil Palästinas umfasst. Präsident wird Chaim Weizmann, Staatschef David Ben Gurion. Die militärischen Organisationen der Juden gehen in Israels Streitkräften auf. Die Juden berufen sich auf ihr »natürliches und historisches Recht und den Entschluss der UN-Generalversammlung«. Fünf arabische Länder – Jordanien, Ägypten, Libanon, Syrien und Irak – greifen Israel an. Die Juden gehen als Sieger aus dem Palästinakrieg hervor. 725 000 Palästinenser fliehen oder werden vertrieben.

1949
Waffenstillstand. Israel vergrößert sein vom UN-Teilungsplan zugesprochenes Gebiet um Galiläa, den Negev und das westliche Jerusalem. Das Westjordanland (Cisjordanien) kommt unter jordanische Kontrolle. Der 40 Kilometer lange und bis zu zehn Kilometer breite Gazastreifen, in den sich die arabische Bevölkerung des südlichen Palästina geflüchtet hat, wird von Ägypten verwaltet.

1950
West-Jerusalem wird Sitz der israelischen Regierung. Neue Gesetze ermöglichen die Enteignung von geflüchteten Palästinensern zu Gunsten jüdischer Immigranten. Eine Treuhandanstalt übernimmt das Eigentum von »in Feindesland Abwesenden«. Innerhalb von zwei Jahren kommen fast alle bulgarischen und die Hälfte der jugoslawischen Juden, dazu 40 000 Juden aus der Türkei und 18 000 Juden aus dem Iran nach Israel. Jordanien annektiert das Westjordanland, das eigentlich Teil eines Palästinenserstaates werden sollte. Alle Bewohner werden zu jordanischen Bürgern, allerdings ohne »ihre historischen Rechte in Palästina« zu verlieren. Ägypten sperrt den Suezkanal für Schiffe, die kriegswichtige Güter für Israel transportieren.

1951
Der 23. Zionistenkongress beschließt in seinem »Jerusalemer Programm«, Aufgabe des Zionismus sei »die Festigung des Staates Israel, die Heimbringung der im Exil Lebenden nach Erez (»Land«) Israel und die Förderung der Einheit des jüdischen Volkes«.

Jordaniens König Abdullah wird durch einen palästinensischen Nationalisten vor der Al-Aqsa-Moschee in Ost-Jerusalem ermordet. Ein Jahr später besteigt sein Enkel Hussein den Thron.

1952

Rund 684 000 Juden sind seit Mai 1948 nach Israel eingewandert – mehr, als bei der Ausrufung des Staates Israel in Palästina lebten. In den nächsten zwölf Jahren kommen u. a. 126 000 Juden aus dem Irak, 120 000 aus Marokko, 75 000 aus Ägypten, 30 000 aus Tunesien, 35 000 aus Libyen und 26 000 aus Syrien.
Offiziere putschen gegen Ägyptens König Faruk. Der Organisator Gamal Abdel Nasser wird zwei Jahre später neuer Staatschef.

1956

Suezkrise: Der ägyptische Präsident Nasser verstaatlicht die Suezkanal-Gesellschaft, deren Aktien zu rund 40 Prozent in britischem Besitz sind. Großbritannien und Frankreich fliegen Luftangriffe gegen Ägypten. Israels Armee dringt über die Halbinsel Sinai bis zur Suezkanalzone vor. Die USA und die Sowjetunion erzwingen durch diplomatischen Druck einen Rückzug.

1957

Israel räumt seine letzten Stellungen auf der Halbinsel Sinai. In einer Pufferzone werden UN-Truppen stationiert.

1958

In Kuwait wird die palästinensische Widerstandsorganisation Al Fatah gegründet.
Das Hule-Projekt im Norden Galiläas ist fertig gestellt. Seit den dreißiger Jahren haben Pioniere ein 30 Quadratkilometer großes Sumpfland um den Hule-See trockengelegt, durch den der Jordan fließt. Dadurch ist eines der fruchtbarsten Wirtschaftsgebiete Israels entstanden – mit Obstgärten, Baumwollfeldern und Fischteichen.

1960

Nach der zweiten einseitigen Senkung der Ölpreise durch die internationalen Konzerne gründen Irak, Iran, Kuwait, Saudi-Arabien und Venezuela in Bagdad die Organisation Erdöl exportierender Staaten (OPEC). Sie soll die Weltmarktpreise stabilisieren und den produzierenden Ländern angemessene Einkünfte sichern. Sitz ist zunächst Genf, später Wien.

1964

Mehrere Guerillagruppen schließen sich unter Führung von Ahmed Schukeiri zur Palästinensischen Befreiungsorganisation (PLO) zusammen. Sie verübt erste Terroranschläge gegen Israel.

1967
Ägypten sperrt den Golf von Akaba für israelische Schiffe. Staatschef Nasser verkündet sein Ziel, »Israel aus dem Gesicht der Erde zu tilgen und die Ehre der Araber Palästinas wiederherzustellen«. In Erwartung eines arabischen Angriffs starten die Israelis einen Präventivschlag. Im Sechstagekrieg erobern sie den Gazastreifen und die Halbinsel Sinai von den Ägyptern, die Golanhöhen von den Syrern, Ost-Jerusalem und das Westjordanland von den Jordaniern. 500 000 Palästinenser fliehen in die Nachbarländer. Durch die Eroberungen hat sich das israelische Territorium verdreifacht. Auf dem Weg zur Klagemauer in Jerusalem sagt Verteidigungsminister Mosche Dajan: »Wir sind an alle Orte zurückgekehrt, die diesem Land heilig sind. Wir sind zurückgekehrt, um niemals mehr von ihnen getrennt zu werden.« Auf der Gipfelkonferenz in Khartum beschließen die Araber das »dreifache Nein«: keine Anerkennung Israels, keine Verhandlungen, kein Friede. Die PLO verlegt ihr Hauptquartier nach Jordanien und ruft den »revolutionären Volkskrieg« gegen Israel aus. Bis Ende 1968 registriert die israelische Armee 1287 Zusammenstöße mit PLO-Kämpfern. Nach dem Vorbild der Muslimbruderschaft wird die Hamas (»Bewegung des islamischen Widerstands«) durch Scheich Ahmed Jassin gegründet. Der UN-Sicherheitsrat fordert Israel zum Rückzug aus den besetzten Gebieten auf (Resolution 242).

1968
Die Guerilla-Organisation Al Fatah tritt der PLO bei. George Habasch gründet die noch radikalere »Volksfront zur Befreiung Palästinas«. Die arabischen Mitgliedstaaten der OPEC gründen eine eigene Organisation der arabischen Erdöl exportierenden Länder (OAPEC). Der 27. Zionistenkongress fordert in seinem »Neuen Jerusalemer Programm« die »Rückführung des jüdischen Volkes in seine geschichtliche Heimat« und beschreibt Israel als »Zentrum des jüdischen Lebens«, das »auf der prophetischen Vision von Gerechtigkeit und Frieden begründet« sei.

1969
Jassir Arafat wird PLO-Führer, seine Organisation Al Fatah zur dominierenden Gruppe des palästinensischen Widerstands. In Israel wird Golda Meir Premierministerin. In Libyen putschen Offiziere gegen König Idriss. Ihr Anführer Muammar al-Ghadhafi wird neuer Staatschef.

1970
Ägyptens Präsident stirbt. Sein Nachfolger wird Anwar as-Sadat. In Syrien kommt Hafiz al-Asad an die Macht. Die radikalste PLO-Organisation, die Volksfront zur Befreiung Palästinas (PFLP), scheitert mit einem Attentat auf den gemäßigten jordanischen König Hussein. Vier Tage später sprengt sie drei Zivilflugzeuge, die sie nach Jordanien entführt hat, und erklärt den Norden des Landes zur »befreiten Zone«. Daraufhin vertreiben Regierungstruppen das Gros der palästinensischen Freischärler aus Jordanien (»Schwarzer September«). Die Guerillabasen werden in den Libanon verlegt.

1971
Die für die Einwanderung zuständige Jewish Agency organisiert sich neu, um finanzielle Beiträge von jüdischen Organisationen nach Israel leiten zu können. 50 Prozent der Sitze ihrer Ratsversammlung erhalten Israel und die Zionistische Weltorganisation, 30 Prozent der United Israel Appeal in den USA, 20 Prozent die restlichen jüdischen Gemeinschaften in aller Welt.

1972
Bei den Olympischen Spielen in München kidnappen palästinensische Terroristen israelische Sportler. Der Versuch einer gewaltsamen Befreiung missglückt. Elf Athleten sterben.

1973
Am jüdischen Versöhnungsfest Jom Kippur wird Israel von Ägypten und Syrien angegriffen, die ihre Truppen mit modernsten sowjetischen Waffen aufgerüstet haben. Eine Woche später treten auch Jordanien und Saudi-Arabien in den Krieg ein. Die Araber erzielen zunächst Geländegewinne; mit der Durchbrechung der Bar-Lev-Verteidigungslinie zerstören ägyptische Soldaten den Mythos der Unbesiegbarkeit israelischer Truppen. Am Ende aber rückt Israel in Ägypten und Syrien noch über die Waffenstillstandslinie von 1967 vor. Durch das Eingreifen der Supermächte USA und Sowjetunion werden die Kämpfe gestoppt. Unter Führung Saudi-Arabiens verhängt die OAPEC bis März 1974 ein Ölembargo gegen alle israelfreundlichen Staaten. Die Folge ist eine weltweite Ölkrise.

1974
Nach wochenlanger Pendeldiplomatie vermittelt der amerikanische Außenminister Henry Kissinger ein Truppenentflechtungsabkommen. Israel gibt einen Streifen am Suezkanal an Ägypten und das Gebiet

um Kuneitra an Syrien zurück. Die Arabische Liga erkennt die PLO als alleinige Vertreterin des palästinensischen Volks an. Die Vereinten Nationen proklamieren das Recht der Palästinenser auf Selbstbestimmung. PLO-Chef Arafat spricht vor der UN-Vollversammlung.
In Israel wird die fundamentalistische Siedlungsbewegung Gusch Emunim (»Block der Gerechten«) gegründet. Ihre Mitglieder sehen sich als die Vollender des Zionismus.

1975
Im Libanon bricht ein Bürgerkrieg zwischen christlichen und muslimischen Milizen aus, der 14 Jahre dauern wird.

Israel und Ägypten unterzeichnen das Sinai-Abkommen über die Rückgabe des besetzten Gebiets.

Die 20 000-Einwohner-Siedlung Ma'ale Adumim wird als Sperrriegel zwischen Ost-Jerusalem und die angrenzenden arabischen Dörfer gelegt. Sie wird zum zentralen Glied einer Kette von jüdischen Satellitenstädten, die rund um Jerusalem entstehen: im Norden Ramat Eschkol, French Hill, Newe Jaakov und Pisgat Seev, im Osten Ost-Talpiot, im Süden Gilo und Har Choma. Günstige Hypothekenangebote locken Menschen aus Jerusalem und Tel Aviv an, die sich die hohen Mieten nicht mehr leisten können.

1977
Der Wahlsieg des rechtsgerichteten Likud-Blocks beendet in Israel die seit der Staatsgründung bestehende Herrschaft der Arbeitspartei. Zu dieser Zeit gibt es im Westjordanland erst 4500, in Ost-Jerusalem 50 000 jüdische Siedler. Die neue Regierung unter Menachem Begin fördert nun aber verstärkt jüdische Siedlungen in den besetzten Gebieten – mit Subventionen, Steuererleichterungen und zinsgünstigen Darlehen. In den folgenden Jahren nimmt die israelische Regierung mehr als 550 000 Hektar Ödland als »Staatsland« in ihren Besitz; große Teile davon werden Baugesellschaften der Siedlerbewegung überlassen. Ägyptens Präsident Anwar as-Sadat spricht als erster arabischer Staatschef vor dem israelischen Parlament.

1978
Israel und Ägypten schließen einen Separatfrieden. Das Abkommen von Camp David sieht eine begrenzte Autonomie für die Palästinenser vor. Begin und Sadat erhalten den Friedensnobelpreis. Israel beginnt den stufenweisen Abzug seiner Truppen vom Sinai.

1979
Sadat und Begin unterzeichnen in Washington feierlich das Friedensabkommen. Die arabischen Staaten brechen die diplomatischen Beziehungen zu Ägypten ab.

1980
Israel erklärt Jerusalem zur »ewig ungeteilten Hauptstadt« und vollzieht die Annexion des arabischen Ostteils. In der Erklärung von Venedig fordert die Europäische Gemeinschaft, auch die PLO an Friedensverhandlungen zu beteiligen.

1981
Radikale Muslime erschießen Ägyptens Staatspräsident Anwar as-Sadat bei einer Feier zum Gedenken an den Jom-Kippur-Krieg. Sein Nachfolger wird Hosni Mubarak. Israel annektiert formell die syrischen Golanhöhen, die im Sechstagekrieg 1967 erobert wurden. Durch die Militärverordnung 947 werden im besetzten Westjordanland Palästinenser und jüdische Siedler künftig getrennt verwaltet. Verteidigungsminister Ariel Scharon präzisiert einen Plan für das Westjordanland: Eine gezielte Streuung jüdischer Siedlungen soll das Territorium so zersplittern, dass es kein zusammenhängendes Gebiet mehr ist. Auf den Höhen über Jordantal sollen Wehrsiedlungen einen Sperrriegel nach Osten hin bilden.

1982
Der radikale Palästinenserführer Abu Nidal übernimmt die Verantwortung für ein Attentat auf den israelischen Diplomaten Schlomo Argov in London. Drei Tage später besetzen israelische Truppen den Südlibanon und schließen einen Ring um die Hauptstadt Beirut. Die Operation Frieden für Galiläa soll den Libanon als Guerillabasis ausschalten. Nach Bombardierungen und Dauerbeschuss von Beirut müssen Arafat und die PLO-Kämpfer nach Tunis ins Exil. In Beirut verüben die mit Israel verbündeten christlichen Falangisten ein Massaker in den palästinensischen Flüchtlingslagern Sabra und Schatila.

1983
In Israel gibt Menachem Begin nach sechs Jahren Regierungszeit sein Amt an Jitzhak Schamir ab.

1984
Nach sieben Jahren Likud-Regierung gibt es im Westjordanland 113 jüdische Siedlungen mit 45 000 Einwohnern. Im Rahmen der Operation Moses werden 8000 Juden aus Äthiopien mit Flugzeugen nach Israel gebracht.

1985
Israel schließt seinen Truppenrückzug aus dem Libanon ab, behält aber eine rund zehn Kilometer breite Sicherheitszone unter seiner Kontrolle.

1987
Unruhen im Gazastreifen dehnen sich auf das Westjordanland aus. Die erste Intifada (»Aufstand«) beginnt. Radikale Jugendliche errichten Barrikaden und schleudern Steine gegen israelische Besatzungssoldaten. Bilanz des Aufstands nach drei Jahren: 1000 Tote, mehrere Tausend Verletzte, 9000 Inhaftierte.
Zum ersten Mal ist der Anteil der orientalischen Juden (Sephardim) an Israels Bevölkerung größer als der Anteil der europäischen Juden (Aschkenasim). Die Geburtenrate dieser meist konservativen, aus Entwicklungsländern eingewanderten Bevölkerungsgruppen ist deutlich höher.

1988
Jordanien tritt an die PLO seinen Anspruch auf das Westjordanland ab, das es im Sechstagekrieg von 1967 an Israel verlor. Der Palästinensische Nationalrat akzeptiert die Zwei-Staaten-Lösung, die schon im UN-Teilungsplan von 1947 vorgesehen war. Dementsprechend proklamiert Arafats Exilregierung einen »Arabischen Staat Palästina« mit der Hauptstadt Jerusalem. Die radikale Bewegung Hamas hingegen bezeichnet Palästina als »islamisches Erbgut, den Muslimen anvertraut bis zum Jüngsten Gericht. Weder das Ganze noch ein Teil davon darf verlassen oder aufgegeben werden«. Gegen die Landnahme durch die Juden »gibt es nur eine Rettung: die Flagge des Heiligen Krieges hissen«.

1989
Mit dem Zusammenbruch der kommunistischen Regime steigt in Israel die Zahl jüdischer Einwanderer aus Osteuropa sprunghaft an. Im Laufe der nächsten Jahre immigrieren mehr als eine Million. Viele werden im Westjordanland angesiedelt.

1990
Am Jerusalemer Tempelberg werfen Araber Steine auf betende Juden. Daraufhin werden 17 Menschen von israelischen Sicherheitskräften erschossen.

1991
Im Rahmen der Operation Salomon kommen weitere 15 000 Juden aus Äthiopien nach Israel.

PLO-Chef Arafat begrüßt den Einmarsch irakischer Truppen in Kuwait. Im Golfkrieg beschießt der Irak israelische Städte mit russi-

schen Scud-Raketen. Israel leistet auf Drängen der USA keine Gegenwehr. Alliierte Streitkräfte unter Führung der USA zwingen den Irak zum Rückzug seiner Truppen aus Kuwait.
Unter der Schirmherrschaft der USA und Russlands beginnt in Madrid eine Nahost-Friedenskonferenz. Zum ersten Mal gibt es offizielle Kontakte der Israelis mit syrischen und libanesischen Regierungsvertretern. Die Palästinenser sind Teil der jordanischen Delegation.

1992
Wahlsieg der Arbeitspartei in Israel. Jitzhak Rabin wird Premierminister.

1993
Das israelische Parlament hebt das Verbot jeglicher Kontakte zur PLO auf. In Norwegen beginnen Geheimverhandlungen. Nach deren erfolgreichem Abschluss wird in Washington das Oslo-Abkommen unterzeichnet. Danach kommt es zum historischen Händeschütteln zwischen Arafat und Israels Premierminister Rabin. Die Grundsatzerklärung sieht zunächst eine Teilautonomie für den Gazastreifen und die Stadt Jericho im Westjordanland vor. Die schwierigsten Fragen bleiben noch ausgeklammert: die jüdischen Siedlungen in den besetzten Gebieten, die Rückkehr palästinensischer Flüchtlinge, die Zukunft Jerusalems. Sie sollen bis spätestens 1999 geklärt werden. Der Siedlungsbau geht nach dem Abkommen in den unter israelischer Kontrolle verbleibenden Gebieten weiter.

1994
Arafat und Rabin erhalten zusammen mit Israels Außenminister Schimon Peres den Friedensnobelpreis. In der ersten Phase des Friedensprozesses zieht sich die israelische Armee aus Jericho und 60 Prozent des Gazastreifens zurück. Für die autonomen Palästinensergebiete wird eine Verwaltung gebildet. Radikale auf beiden Seiten versuchen mit Anschlägen, den Friedensprozess zu stören. Ein jüdischer Siedler erschießt 29 Muslime beim Freitagsgebet in Hebron.

1995
Das so genannte Oslo-II-Abkommen sieht die Aufteilung des Westjordanlands in drei Zonen vor. Danach kommen Gebiete der Zone A (sieben Prozent) direkt unter palästinensische, Gebiete der Zone B (21 Prozent) unter gemeinsame Verwaltung. Gebiete der Zone C (72 Prozent) bleiben unter israelischer Kontrolle.
Israels Premier Jitzhak Rabin wird von einem jüdischen Extremisten erschossen.

Beginn einer Kette von Selbstmordattentaten palästinensischer Jugendlicher in Israel. Sie werden vor allem von den Bewegungen Hamas und Palästinensischer Islamischer Dschihad organisiert. Ziel dieser radikalen Organisationen ist die Zerstörung Israels.

1996
Arafat wird zum Präsidenten des Palästinensischen Autonomierats gewählt. Sprengstoffanschläge in Jerusalem und Tel Aviv bewirken einen Rechtsruck in der israelischen Öffentlichkeit. Nach der Wahl Benjamin Netanjahus zum Premierminister werden in den palästinensischen Gebieten wiederum zahlreiche neue jüdische Siedlungen gegründet. Die Zahl der Attentate gegen Juden steigt. Der Friedensprozess gerät ins Stocken.

1997
Ein Abkommen zwischen Arafat und Netanjahu regelt den schrittweisen Abzug israelischer Truppen aus Hebron. Selbstmordattentäter reißen in Tel Aviv und Jerusalem 24 Menschen in den Tod.

Jüdische Neueinwanderer aus der ehemaligen Sowjetunion bilden von nun an die größte ethnische Bevölkerungsgruppe in Israel.

1998
Im Abkommen von Wye gesteht Israel einen Truppenabzug von weiteren 13 Prozent der Zone C des Westjordanlandes zu – nach dem Prinzip »Land für Frieden«. 14 Prozent von Zone B sollen in Zone A umgewandelt werden. Die Zahl der jüdischen Siedler allein im Westjordanland und Gazastreifen ist auf fast 170 000 gestiegen.

1999
In Israel bricht die rechts gerichtete Koalition auseinander. Nach dem Sieg der Arbeitspartei bei Neuwahlen wird Ehud Barak neuer Premierminister.

Nach dem Tod des jordanischen Königs Hussein kommt dessen Sohn Abdullah auf den Thron.

2000
Israel zieht seine Truppen aus einem jahrelang von ihm kontrollierten Sicherheitsstreifen im Südlibanon ab. US-Präsident Bill Clinton versucht kurz vor seinem Amtsende vergeblich, dem Friedensprozess zwischen Israel und der PLO zum endgültigen Durchbruch zu verhelfen. Die Gespräche scheitern unter anderem am Streit über den Status Jerusalems und die Rückkehr palästinensischer Flüchtlinge.

Wenige Wochen später macht Oppositionsführer Ariel Scharon einen demonstrativen Besuch auf dem Tempelberg in Jerusalem. Dadurch wird die so genannte Al-Aqsa-Intifada ausgelöst. Im Dezember tritt Premierminister Ehud Barak nach 17-monatiger Regierungszeit zurück.

2001

Der Likud-Block gewinnt die Neuwahlen in Israel. Zusammen mit der Arbeiterpartei und kleineren Gruppierungen wird eine Regierung der nationalen Einheit gebildet. Scharon wird Premierminister, Peres Außenminister. Im Oktober wird das 100. palästinensische Selbstmordattentat verübt – und von israelischen Truppen mit Gegenschlägen in palästinensischen Gebieten beantwortet.

2002

Die Welle der palästinensischen Selbstmordattentate und israelischen Gegenreaktionen erreicht ihren Höhepunkt. Bei einem Anschlag auf ein Hotel in der israelischen Stadt Netanja gibt es 28 Tote und 134 Verletzte. Als Antwort umstellt und zerstört die israelische Armee den Amtssitz von PLO-Chef Arafat, den sie als Drahtzieher der Attentate beschuldigt. Zahlreiche Gebäude der Autonomieverwaltung werden dem Erdboden gleichgemacht. An der Grenze zum besetzten Westjordanland werden Sicherheitsabsperrungen errichtet.

2003

Nach dem Auseinanderbrechen der Großen Koalition in Jerusalem gewinnt Scharon mit klarem Vorsprung die Neuwahlen. Die Zahl jüdischer Siedler in den besetzten Gebieten ist auf insgesamt 376 000 angewachsen. Der Versuch der USA, mit der Road Map einen neuen Friedensprozess in Gang zu setzen, schlägt fehl. Nach neuen Selbstmordattentaten gibt die israelische Regierung – unter weltweitem Protest – ihre Absicht bekannt, Arafat zu »entfernen«. Sie gründet einen Planungsstab zur Annexion jüdisch besiedelter und Abtrennung der verbliebenen Palästinensergebiete.

2004

Trotz heftigen Widerstands in seiner Partei und in der Regierung verkündet Israels Premier Scharon seinen Plan, bis Ende 2005 alle Truppen aus dem von 1,3 Millionen Palästinensern bewohnten Gaza-Streifen abzuziehen. Die 21 jüdischen Siedlungen in dieser Region sollen geräumt, die 7500 Siedler entschädigt werden. Im Westjordanland hingegen will Scharon nur vier isoliert gelegene Siedlungen aufgeben.

**NATIONAL GEOGRAPHIC TASCHENBÜCHER
VON FREDERKING & THALER**

ABENTEUER ORIENT

REISEN · MENSCHEN · ABENTEUER · ABENTEUER

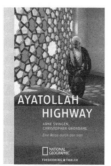

Arne Svingen/Christopher Grøndahl
Ayatollah Highway
Eine Reise durch den Iran
ISBN 3-89405-235-X

Unterwegs auf der »Straße des Ayatollahs« reisen die beiden Norweger Arne Svingen und Christopher Grøndahl von Teheran bis nach Qom. Gut informiert und neugierig gehen sie auf die Einheimischen zu – und zeigen ein faszinierendes Land hinter strenger Fassade.

Andrew Dowling
Rufe vom Minarett
Auf Entdeckungsreise durch Länder des Islam
ISBN 3-89405-185-X

Neun Monate lang bereist der Autor Andrew Dowling die muslimischen Länder Asiens von der Türkei bis Indonesien und zeichnet durch kritische und einfühlsame Beobachtungen ein lebendiges Mosaik des Islam in seinen vielfältigen Erscheinungsformen.

Oss Kröher
Das Morgenland ist weit
Die erste Motorradreise vom Rhein zum Ganges
ISBN 3-89405-165-5

Deutschland, 1951: Zwei Pfälzer, jung und wagemutig, wollen raus aus dem Nachkriegsmuff. Im alten Seitenwagen-Motorrad machen sie sich auf die kühne Fahrt nach Indien. Ihr spritziger und sinnlicher Bericht ist getragen von mitreißender Aufbruchsfreude.

So spannend wie die Welt.

**NATIONAL GEOGRAPHIC
FREDERKING & THALER**
www.frederking-thaler.de

NATIONAL GEOGRAPHIC TASCHENBÜCHER
VON FREDERKING & THALER

AUF ALTEN PFADEN

Karin Muller
Entlang der Inka-Straße
Eine Frau bereist ein ehemaliges Weltreich
ISBN 3-89405-164-7

Das Straßennetz der Inka, mit dessen Hilfe sie ihr Riesenreich kontrollierten, ist legendär – und wenig bekannt. Zu Fuß erkundet Karin Muller die alten Routen von Ecuador bis nach Chile. Ein Forschungs- und Reisebericht zugleich, packend und humorvoll geschrieben.

Eberhard Neubronner
Das Schwarze Tal
Unterwegs in den Bergen des Piemont
Mit einem Vorwort von Reinhold Messner
ISBN 3-89405-178-7

Nur eine Autostunde von Turin scheint die Welt eine andere zu sein: aufgegebene Dörfer, verlassene Täler in den piemontesischen Alpen. Unsentimental und doch poetisch schildert Neubronner die wildromantische Landschaft und die Menschen, die in ihr leben.

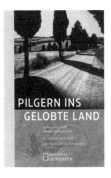

Jean Lescuyer
Pilgern ins Gelobte Land
Zu Fuß und ohne Geld von Frankreich nach Jerusalem
ISBN 3-89405-167-1

Eine Pilgerreise, die kaum zu überbieten ist: Zu Fuß von Lourdes nach Jerusalem, ohne Geld und mit viel Gottvertrauen.
Acht Monate Zweifel und Gefahren, aber auch beglückende Erfahrungen und berührende Begegnungen.

So spannend wie die Welt.

NATIONAL GEOGRAPHIC
FREDERKING & THALER
www.frederking-thaler.de

REISEN · MENSCHEN · ABENTEUER

**NATIONAL GEOGRAPHIC TASCHENBÜCHER
VON FREDERKING & THALER**

ABENTEUER IM GEPÄCK

Oss Kröher
Das Morgenland ist weit
Die erste Motorradreise vom Rhein zum Ganges
ISBN 3-89405-165-5

Deutschland, 1951: Zwei junge, wagemutige Männer wollen raus aus dem Nachkriegsmuff. Mit einem Beiwagengespann machen sie sich auf den Weg nach Indien. Ein spritziger Bericht voll mitreißender Aufbruchsfreude.

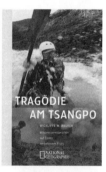

Wickliffe W. Walker
Tragödie am Tsangpo
Wildwasserexpedition auf Tibets verbotenem Fluss
ISBN 3-89405-177-9

Unfassbare 2.700 Höhenmeter stürzt sich der Tsangpo in Tibet durch eine der wildesten Schluchten der Welt. Die Erstbefahrung gelang nur um den Preis eines Toten. Ein ungemein packender Expeditionsbericht.

Christian E. Hannig
Unter den Schwingen des Condor
Rad-Abenteuer zwischen Anden und Pazifik
ISBN 3-89405-133-7

Mit dem Fahrrad ins Abenteuer: Auf seiner Fahrt von Bolivien über die Anden bis nach Lima schließt der Autor Freundschaft mit Indios, gerät in einen Rebellenaufstand und begibt sich auf die geheimnisvollen Spuren der Inka.

So spannend wie die Welt.

**NATIONAL GEOGRAPHIC
FREDERKING & THALER**
www.frederking-thaler.de

REISEN · MENSCHEN · ABENTEUER

NATIONAL GEOGRAPHIC TASCHENBÜCHER
VON FREDERKING & THALER

NATURGEWALTEN

REISEN · MENSCHEN · ABENTEUER

Hauke Trinks
Leben im Eis
Tagebuch einer Forschungsreise in die
Polarnacht
ISBN 3-89405-232-5

Könnte es sein, dass das Leben auf der Erde im Eis entstanden ist? Dieser Frage ist der Physiker Hauke Trinks mit seiner Expedition in den Norden Spitzbergens nachgegangen. Ein einjähriges Abenteuer in der Polarnacht, nur in der Gesellschaft zweier Hunde – und zahlreicher Eisbären.

William Stone / Barbara am Ende
Höhlenrausch
Eine spektakuläre Expedition unter der Erde
ISBN 3-89405-216-3

Riskante Kletterpartien, gefährliche Tauchgänge ins Ungewisse, wochenlanges Leben unter der Erde – William Stone und sein Team erforschen eine der größten Höhlen der Welt. Die atemberaubende Schilderung einer Expedition der Superlative.

Carla Perrotti
Die Wüstenfrau
An den Grenzen des Lebens
ISBN 3-89405-197-3

Warum riskiert eine Frau ihr Leben in der Wüste? Carla Perrotti durchwandert allein die Kalahari und die größte Salzwüste der Erde in Bolivien, als erste Frau begleitet sie eine Tuaregkarawane durch die Ténéré. Unter den überwältigenden Eindrücken der Natur findet sie zu sich selbst.

So spannend wie die Welt.

NATIONAL GEOGRAPHIC
FREDERKING & THALER
www.frederking-thaler.de

NATIONAL GEOGRAPHIC TASCHENBÜCHER
VON FREDERKING & THALER

IN DER STILLE DER WILDNIS

REISEN · MENSCHEN · ABENTEUER

Konrad Gallei/Gaby Hermsdorf
Blockhaus-Leben
Ein Jahr in der Wildnis von Kanada
ISBN 3-89405-014-4

Konrad Gallei konnte sich seinen Traum erfüllen: Mitten in der Wildnis Kanadas baut er mit Freunden ein Blockhaus, komplett ausgestattet mit eigenem Garten, Hühnern und Kaninchen. Doch trotz sorgfältiger Planung fordert bald Unvorhergesehenes alle Phantasie und Kreativität.

Chris Czajkowski
Blockhaus am singenden Fluss
Eine Frau allein in der Wildnis Kanadas
ISBN 3-89405-193-0

Unerschrocken macht sich die Autorin Chris Czajkowski auf, rodet in tiefster Wildnis ein Stück Land und zimmert sich – ohne besondere Vorkenntnisse – eine Blockhütte. So einsam und mühsam ihr Tagewerk auch ist, Chris wird immer reich belohnt durch die Schönheit der unberührten Natur.

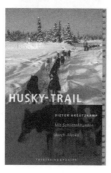

Dieter Kreutzkamp
Husky-Trail
Mit Schlittenhunden durch Alaska
ISBN 3-89405-080-2

Zwei Winter lebt Dieter Kreutzkamp mit Familie in Blockhäusern am Tanana- und Yukon-River. Besonders die faszinierenden Hunde Alaskas, die Huskys, haben es ihm angetan. So zieht er allein mit seinen Schlittenhunden durch die weiße Wüste. Höhepunkt ist das berühmte Iditarod-Rennen...

So spannend wie die Welt.

NATIONAL GEOGRAPHIC
FREDERKING & THALER
www.frederking-thaler.de

NATIONAL GEOGRAPHIC TASCHENBÜCHER
VON FREDERKING & THALER

IM BLICKPUNKT ASIEN

REISEN · MENSCHEN · ABENTEUER

Milda Drüke
Die Gabe der Seenomaden
Bei den Wassermenschen in Südostasien
ISBN 3-89405-218-x

Der Traum vom Aussteigen – Milda Drüke macht ihn wahr. In Südostasien sucht sie nach dem merkwürdigsten Volk der Welt: Die Bajos kennen keinen Reichtum und keinen Neid, und ihre Heimat ist das offene Meer. Wochenlang lebt sie mit den Seenomaden auf ihren kleinen Hausbooten.

Judy Schultz
Im Land des Himmelsdrachen
Impressionen aus China
ISBN 3-89405-170-1

Wohl wenige Länder haben sich in den letzten 20 Jahren so gewandelt wie China. Judy Schultz erfasst diese Zeitspanne in mehreren Reisen. Genau beobachtend und mit offenem Sinn, muss sie immer wieder feststellen: die Realität ist anders als ihre Vorstellungen.

Josie Dew
Tour de Nippon
Mit dem Fahrrad allein durch Japan
ISBN 3-89405-174-4

Josie Dew ist nicht unterzukriegen: Seit Jahren radelt die Engländerin durch die Welt und berichtet davon auf humorvolle Weise. Diesmal erkundet sie Japan – und ihre Schilderungen von Land und Leuten sind so spannend wie ihre Reiseerlebnisse.

So spannend wie die Welt.

NATIONAL GEOGRAPHIC
FREDERKING & THALER
www.frederking-thaler.de

**NATIONAL GEOGRAPHIC TASCHENBÜCHER
VON FREDERKING & THALER**

ÜBER ALLE BERGE

REISEN · MENSCHEN · ABENTEUER

Evelyne Binsack/
Verfasst von Gabriella Baumann-von Arx
Schritte an der Grenze
Die erste Schweizerin auf dem Mount Everest
ISBN 3-89405-221-X

Am 23. Mai 2001 stand die erste Schweizerin auf dem Mount Everest: Evelyne Binsack. In ihrem Buch führt sie uns die hart errungenen 8850 m hinauf bis in die eisigen Höhen ihres Erfolges und gibt Einblicke in ihre Visionen und ihren Lebensweg.

Peter Habeler
Der einsame Sieg
Erstbesteigung des Mount Everest ohne Sauerstoffgerät
ISBN 3-89405-098-5

Der Gipfel des Mount Everest liegt weit in jenem Bereich, in dem Leben nicht mehr möglich ist. Peter Habeler und Reinhold Messner vollbrachten am 8. Mai 1978 eine einzigartige Leistung: Sie bezwangen den Mount Everest ohne Sauerstoffgerät.

Heidi Howkins
Herausforderung K2
Eine Frau auf dem Weg zum Gipfel
ISBN 3-89405-192-2

Die erste Amerikanerin auf dem K2: Heidi Howkins bezwingt den berüchtigten Achttausender im klassischen alpinen Stil – ohne Träger, ohne aufwändiges Basislager, ohne modernes Equipment. Ein mitreißender Bericht über den Kampf einer Bergsteigerin gegen Fels und Eis.

So spannend wie die Welt.

**NATIONAL GEOGRAPHIC
FREDERKING & THALER**
www.frederking-thaler.de

NATIONAL GEOGRAPHIC TASCHENBÜCHER
VON FREDERKING & THALER

MIT VOLLEN SEGELN

REISEN · MENSCHEN · ABENTEUER

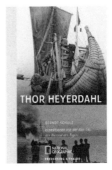

Berndt Schulz
Thor Heyerdahl
Expeditionen mit der Kon-Tiki, der Ra und der Tigris
ISBN 3-89405-234-1

Mit einem einfachen Floß ließ er sich 7000 Kilometer über den Pazifik treiben – durch solche außergewöhnlichen Expeditionen gelang es dem Norweger Thor Heyerdahl Wissenschaft und Abenteuer zu verbinden. Dafür wurde er von der Weltöffentlichkeit als Held gefeiert.

G. Bruce Knecht
Der Orkan
Die Todesregatta von Sydney nach Hobart
ISBN 3-89405-239-2

Bei der berühmten Segelregatta von Sydney nach Hobart kommt es 1998 zur Katastrophe. Ein verheerender Wirbelsturm bringt die Teilnehmer in Lebensgefahr, viele Yachten kentern, Menschen ertrinken. Ein detaillierter Bericht der dramatischen Ereignisse des Rennens – ohne jede Sensationslust.

Milo Dahlmann
Mein großer Törn vom Atlantik zum Pazifik
30 000 Seemeilen mit dem Segelboot
ISBN 3-89405-225-2

Milo Dahlmann ist die erste Schwedin, die allein den Atlantik in einem Segelboot überquerte. Dieses sehr persönliche Buch schildert ihre Momente der Angst und Verzweiflung, aber auch des Glücks und öffnet den Blick für die Schönheit des Ozeans.

So spannend wie die Welt.

NATIONAL GEOGRAPHIC
FREDERKING & THALER
www.frederking-thaler.de